- 河南科技学院高层次人才科研项目基金
- 河南科技学院重大科研培育项目基金

体育教材内容排列理论探索与模型建构

贾洪洲 著

中国社会科学出版社

图书在版编目（CIP）数据

体育教材内容排列理论探索与模型建构／贾洪洲著 . —北京：中国社会科学出版社，2017.8

ISBN 978-7-5203-0911-0

Ⅰ.①体… Ⅱ.①贾… Ⅲ.①学校体育—教材改革—研究 Ⅳ.①G807.01

中国版本图书馆 CIP 数据核字（2017）第 221606 号

出 版 人	赵剑英
责任编辑	赵　丽
责任校对	赵雪姣
责任印制	王　超
出　　版	中国社会科学出版社
社　　址	北京鼓楼西大街甲 158 号
邮　　编	100720
网　　址	http://www.csspw.cn
发 行 部	010-84083685
门 市 部	010-84029450
经　　销	新华书店及其他书店
印　　刷	北京君升印刷有限公司
装　　订	廊坊市广阳区广增装订厂
版　　次	2017 年 8 月第 1 版
印　　次	2017 年 8 月第 1 次印刷
开　　本	710×1000　1/16
印　　张	14.5
插　　页	2
字　　数	201 千字
定　　价	59.00 元

凡购买中国社会科学出版社图书，如有质量问题请与本社营销中心联系调换
电话：010-84083683
版权所有　侵权必究

目　　录

第一章　绪论……………………………………………………（1）
　第一节　选题依据………………………………………………（1）
　第二节　文献综述………………………………………………（4）
　第三节　研究对象与研究方法…………………………………（28）
　第四节　本书的研究思路与框架………………………………（32）
　第五节　研究目的与意义………………………………………（35）

第二章　体育教材内容排列概述………………………………（36）
　第一节　体育教材内容排列相关概念解读……………………（36）
　第二节　体育教材内容排列必要条件…………………………（50）
　第三节　体育教材内容排列的依据分析………………………（52）
　第四节　体育教材内容排列的意义……………………………（53）
　第五节　小结……………………………………………………（55）

第三章　体育教材内容排列现状及排列理论反思……………（57）
　第一节　新课改前体育教材内容排列反思……………………（57）
　第二节　新课改后体育教材内容排列反思……………………（68）
　第三节　当前体育教材内容主要排列理论反思………………（75）
　第四节　小结……………………………………………………（87）

第四章　体育教材内容排列研究的理论基础…………………（88）
　第一节　学习理论………………………………………………（88）

第二节　课程难度理论……………………………………（97）
　　第三节　人类动作发展理论…………………………………（103）
　　第四节　敏感期理论…………………………………………（109）
　　第五节　小结…………………………………………………（111）

第五章　基于排列研究的体育教材内容分类…………………（113）
　　第一节　体育教材内容分类回顾及启示……………………（113）
　　第二节　体能类与技能类教材内容大类划分………………（121）
　　第三节　体能类与技能类教材内容亚类划分………………（131）
　　第四节　小结…………………………………………………（140）

第六章　体育教材内容排列模型与原理………………………（141）
　　第一节　技能类教材内容不同学段衔接排列………………（141）
　　第二节　封闭式运动技能排列………………………………（154）
　　第三节　开放式运动技能排列………………………………（160）
　　第四节　技能类教材内容横向排列…………………………（170）
　　第五节　体能类教材内容排列………………………………（183）
　　第六节　体育教材内容排列原理探析………………………（194）
　　第七节　体育教材内容排列后续研究面临的主要问题……（200）
　　第八节　小结…………………………………………………（210）

第七章　研究结论与研究创新点………………………………（212）
　　第一节　研究结论……………………………………………（212）
　　第二节　研究创新点…………………………………………（214）

附录………………………………………………………………（215）

参考文献…………………………………………………………（222）

第 一 章

绪　　论

第一节　选题依据

一　标准的颁布与实施是体育教材内容排列研究的政策依据

第八次课程改革的纲领性文件——《基础教育课程改革纲要（试行）》明确指出：改变课程管理过于集中的状况，实施国家、地方、学校三级课程管理方案。这一方案的实施改变了过去由国家单一管理课程的局面，增强了地方、学校及学生对课程的适应能力，为一标多本的教材建设奠定了基础。新一轮体育课程改革过程中颁布的《体育与健康课程标准》（以下简称"标准"）采用了"目标引领内容"的设计思路，没有对教材内容作具体规定，只是强调了选取的原则、范围，并给出了范例，这使得教材内容更加自由开放。这样的教材改革使各地、各校在实施《标准》时更加灵活主动，一线教师也能摆脱"大纲"硬性规定的束缚，不仅可以自主决定"怎么教"，而且还被赋予了"用什么教""按什么顺序和进度教"的权利。"用什么教""按什么顺序和进度教"即选择哪些教材内容，如何对这些教材内容进行排序与组织，这些问题的集结点就体现在对教材内容的排列上。可以说，《标准》对教材内容的开放与放开使教材内容排列权利得以下放，为体育教材内容排列研究提供了政策依据。反过来，体育教材内容排列研究也是有效实施与落实《标准》的客观要求。

二 排列理论研究滞后是体育教材内容排列研究的现实依据

体育教师在实际教材内容排列工作中需要依据相关排列理论。然而，一般课程与教学论中现有的直线式与螺旋式两种排列方式均存在着"先天不足而后天无法弥补的致命缺陷"[1]，加之体育学科相关的研究不够，致使"体育教材内容排列的理论一直都接近空白"[2]。由于缺乏坚实的教材内容排列理论作为指导，一线体育教师在实际工作中不得不依靠各自经验对教材内容进行排列。全国48万多位体育教师的教学经验必然存在差异，相应地，对教材内容排列的合理性也会参差不齐。另外，即使经验最丰富的教师也很难把握好小学、初中、高中不同阶段的教材排列。可以说，当前学校体育中存在着"具体教学中内容低级重复，少有进步"[3]"不同学段体育教学脱节"[4]"学生12年学校体育生涯没有掌握一至两项终身受益的运动技能""12年的体育教学甚至不能教会学生有用的运动技能"[5]等问题，这和教材内容排列不合理不无关系。有学者尖锐指出"体育教学内容的重复问题实际上是教材排列的理论问题。教材排列的问题一直是体育课程和教材理论的一个难题，也是一个一直没有得到很好说明和解决的问题"[6]。总之，现有排列理论研究滞后及其对体育教学产生的负面影响是体育教材内容排列研究的现实依据。

---

[1] 黄甫全：《阶梯型课程引论》，贵州人民出版社1996年版，第130页。
[2] 毛振明：《体育教材排列理论与方法研究》，《天津体育学院学报》2003年第4期。
[3] 深化学校体育教学改革研究课题组：《深化学校体育教学改革的研究》，人民教育出版社1999年版，第4页。
[4] 陈国成：《大中小学体育教学衔接问题的研究》，《北京体育大学学报》2004年第8期。
[5] 毛振明：《论"国家中长期教育改革与发展工作方针"中的学校体育任务（下）》，《南京体育学院学报》2011年第2期。
[6] 毛振明：《对当前我国体育课程与教材理论的几点质疑》，《体育教学》2000年第4期。

三 体育教材内容排列研究有助于规范体育教学与提升学科地位

教材内容是教学的核心要素之一，体育教学中教师正是通过教材内容这一媒介将体育知识、技能与方法传授给学生的，学生也正是在课堂中通过学习、体验、感受不同的教材内容而促进身心发展的。有学者指出"教材内容不应当是片断知识的罗列，而应当具备有机的统一性（结构性）"[①]。体育教学作为一种有组织、有计划、有目的的教育活动，其教材内容绝不是零散的、支离破碎的，一定具有整体性、系统性、逻辑性。然而，直到今天体育学界仍不清楚应该先教什么后教什么，为什么要这样排列，更不能像其他学科那样做到教材内容排列一环扣一环，哪一环都不能少，哪一环都不能颠倒。理论上的不足导致体育教学实践中存在先教什么后教什么无所谓，少上一节课甚至少上一学期课差别不大等随意现象，这也是体育学科不成熟、地位不高的表现和原因之一。研究体育教材内容排列，探究教材内容之间逻辑性，在学段、单元、课时之间形成环环相扣的连接关系，为体育教学规范化、科学化提供依据，也有助于体育学科地位的提升。

四 体育教材内容排列研究为体育教学迎接慕课时代奠定基础

慕课（MOOC）的英文表达是 Massive Open Online Course，其中：Massive，大规模的；Open，开放的；Online，在线的；Course，课程。直译就是"大规模网络开放课程"。它被称为"继班级授课制以后最大的一次革命"，标志着教育走出了工业文明，步入信息时代。这场正在到来的教育变革迅速蔓延全球，影响范围覆盖教育各个领域，渗透各个学科，体育学科不可能不受这一趋势影响，因此必须积极主动寻求变

[①] [日] 井上弘：《教材结构化的逻辑与策略》，《外国教育资料》1991年第2期。

革,迎接慕课到来,否则将落后于时代发展。慕课在中国的发展特点是"基于系统设计的碎片化学习方式"①。碎片化学习方式是指慕课是以一个个微视频为载体,一个微视频一般十分钟左右,讲述一个知识点。而系统设计主要是指所有微视频制作要从《标准》出发,知识点之间应有机衔接,最终落实《标准》。通过系统设计,学生学到的知识不是零散的知识片段,而是有逻辑层次的知识体系,学生可以掌握不同知识点之间关系,把握体育学科知识结构脉络。系统设计的结果会以知识图谱形式出现,知识图谱依据知识之间内在关系和学生认知规律将知识串联起来、系统化,而体育学科知识图谱的设计归根结底是体育教材内容排列的结果。因此,只有研究体育教材内容排列,认清知识点之间联系,才能设计出符合体育学科逻辑与学生身心发展规律的知识图谱,进而实施慕课教学。

第二节 文献综述

一 国外研究现状

(一) 国外学者关于教材内容排列的理论研究

1. 课程与教学论视角研究

西方近代教育理论奠基人夸美纽斯提出"教学应当严密组织,务使每年、每月、每日、每时都环环相扣,务使每节课程都有相应的学习课题,不致失落了主题或颠倒了顺序"②。教材内容是教学的载体,同样应依据教学规律,严密组织。

国外学者提出的课程组织原则有助于教材内容排列研究。《课程与教学的基本原理》③是著名教育家泰勒的经典之作,被奉为

---

① 陈玉琨、田爱丽:《慕课与翻转课堂导论》,华东师范大学出版社2014年版,第36页。
② 佐藤正夫:《教学原理》,钟启泉译,教育科学出版社2001年版,第208页。
③ Ralph W. Tyler:《课程与教学的基本原理》,罗康、张阅译,中国轻工业出版社2008年版,第73页。

"现代课程理论的圣经",该书提出了"制订任何课程及教学计划时都必须回答的问题,即学校应力求达到何种教育目标?要为学生提供怎样的教育经验,才能达到这些教育目标?如何有效地为教学组织好学习经验?我们如何才能确定这些教育目标正在得以实现?"在对第三个问题"如何有效地为教学组织好学习经验"的回答中,泰勒首先给出了组织学习经验的三大标准,即连续性、顺序性和整合性。泰勒原理为现代课程研究开创了范式,为有关课程编制、课程设计、教学计划制订等提供了坚实的理论基础,也为教材内容组织、排列提供了标准。在泰勒原理的基础上,奥恩斯坦[1]等增加了关联性(是指课程各个方面的相互联系,这种联系或者是横向的,或者是纵向的)和均衡性(教育者在设计课程时也关注到要合理安排设计各方面的比重,以避免出现失衡的现象)原则。

就排列原理而言,约翰·D.麦克尼尔在《课程导论》[2]中对其进行了介绍,提出了排列可以从易到难也可以从难到易、可以先整体后部分也可以先部分后整体、可以由不熟悉到熟悉也可以由熟悉到不熟悉、可以从具体到抽象也可以从抽象到具体,还可以按年代排列、按用处排列等。

在排列依据方面,主要有强调学科逻辑,有主张心理顺序,有提出两者结合,还有其他顺序等不同观点。被誉为"教育科学之父"的赫尔巴特坚持教材具体内容的实用价值,主张以知识的逻辑顺序为线索,强调学科教材。[3] 而泰勒倡导中心统合法课程,主张教材应符合学生的智力发展阶段,并以个体发生与人类发展相一致

---

[1] 艾伦·C.奥恩斯坦、费朗西斯·P.汉金斯:《课程:基础、原理和问题》,柯森译,江苏教育出版社2002年版,第254—260页。

[2] 约翰·D.麦克尼尔:《课程导论》,谢登斌、陈振中译,中国轻工业出版社2007年版,第189—190页。

[3] 张丰:《教材研究的历史观察与对象系统》,《浙江师范大学学报》(社会科学版)2000年第4期。

为前提，在突出知识体系序列的同时，已有意识地考虑了心理发展因素。杜威则指出学生心理与教材的逻辑之间必须建立起来联系，强调"儿童的社会生活是一起训练或生长的机制或相互联系的基础"[1]。维尔曼规定了教学内容序列的心理顺序原理与历史顺序原理，并指出：作为教养材料、学科内容的科学文化内容，在考虑儿童发展的心理条件的同时，还得考虑它的文化史、科学史的顺序，揭示它是以怎样的历史顺序发展的。[2]

2. 教育心理学视角研究

行为主义代表人物斯金纳依据操作性条件反射与强化提出了程序教学，在知识排列方面意味着将学科知识的内在逻辑联系分解为一系列的知识项目，这些知识项目之间前后衔接，逐渐加深。

布鲁纳是当代著名认知派心理学家，反对以 S－R 联结来解释人类学习活动，强调学生学习的主动性，在编排教材方面提出以螺旋式上升的形式呈现学科基本结构。布鲁纳[3]十分强调如何按特定的顺序来有效地呈现学习材料，认为最佳的序列取决于很多因素，包括学习者已有经验、发展阶段、材料性质以及个体差异。

另一位认知派心理学家奥苏伯尔强调有意义的言语学习，在教材组织方面强调材料呈现得越系统、越集中，学生学得就越好[4]。并认为教材内容最好的编排方式是"每门学科的各个单元应按包摄性程度由大到小的顺序排列"[5]。

美国学者申克总结一语中的，从教育心理学来看，行为主义、

---

[1] 约翰·杜威：《学校与社会·明日之学校》，赵祥麟、任钟印译，人民教育出版社 2008 年版，第 8 页。

[2] 佐藤正夫：《教学论原理》，钟启泉译，人民教育出版社 1996 年版，第 118 页。

[3] Jerome S. Bruner，《教学论》，姚梅林、郭安译，中国轻工业出版社 2008 年版，第 43 页。

[4] 阿妮塔·伍德沃克：《教育心理学》，陈红兵、张春莉译，江苏教育出版社 2005 年版，第 334 页。

[5] 莫雷：《学习过程与机制研究——我国学习双机制理论与实验》，经济科学出版社 2012 年版，第 413 页。

认知主义、建构主义都强调"教学材料应该是有组织的，并且以小步子呈现"①。可以说，教育心理学的研究成果给予教材内容排列重要启发，反过来对教材内容排列的研究也离不开教育心理学相关理论。

（二）对国外体育课程（教材）内容排列的研究

1. 关于日本体育课程（教材）内容排列的研究

陆作生等[②]对日本初中体育《学习指导要领》特征进行分析，认为"日本初中《学习指导要领》力求体现出学科内在的逻辑性，力图让人不仅知道什么内容重要，还要知道重要内容之间的内在联系是什么及先后发展的逻辑顺序"。继而对《学习指导要领》中整个义务教育阶段体育运动内容设置进行了介绍：将体育运动内容划分为增强体质内容和运动学习内容两个领域。小学阶段运动学习内容是按照游戏—练习—运动这个顺序来设置的。初中阶段运动学习内容设置顺序体现了最终到达项目化的目的。[③]

阎智力等[④]对日本小学的《学习指导要领》分析发现：运动领域内容基本上是针对低、中、高年级3个阶段的运动锻炼计划而构成的，低、中学年所要求的"基本的运动"，是以从前的"基本的运动"为根据。

焦喜便[⑤]对日本现代体育课程体系研究认为，日本体育课程内容从小学到高中基本上符合"游戏—体能—技能—综合能力"的课

---

① 戴尔·H.申克：《学习理论：教育的视角》，韦小满译，江苏教育出版社2003年版，第24页。

② 陆作生、陈娇霞：《日本初中体育〈学习指导要领〉的修改及其特征》，《体育学刊》2011年第3期。

③ 陆作生、韩改玲：《日本九年义务教育〈学习指导要领〉中运动内容的设置及其启示》，《北京体育大学学报》2012年第2期。

④ 阎智力、王世芳、季浏：《日本小学的体育学习指导要领》，《体育科研》2012年第3期。

⑤ 焦喜便：《日本中小学体育课程体系研究》，《体育文化导刊》2014年第6期。

程目标变化规律，从简单轻松的游戏开始逐渐到身体练习、田径等发展体能的内容，最后逐渐加入球类、舞蹈等技能类内容。初中阶段田径、球类、游泳等都是必修课程，随着年级的提高逐渐增大教材内容的自主选择性。对于同一大类项目（如田径、游泳），不同阶段发展的具体技术也不同，基本上呈现由易到难的形式。

王占春[①]对日本中小学体育考察研究发现日本体育教学计划在教材内容排列的特点是：直线式和螺旋式相结合。田径、球类等采用螺旋式排列，年年重复，逐年提高。器械体操等教材采用直线式排列，学完后不再重复。但也有的教材采用交叉排列，即在同年级里，跳高和跳远可任选一种，但整个学段两种跳跃都要学习。

柴娇对日本小学体操必须掌握的技术及学习顺序进行了介绍，如表1-1所示。

表1-1　　　　　日本小学体操运动必须要掌握的技术

学段	单杠运动	垫上运动	跳箱运动	学习阶段
小学水平一	挂膝摆动下（1）	基本伸展体操（2）行进间滚翻（3）	侧手翻跳低箱（4）	初步感觉时期基本技术形成期
小学水平二	挂膝后回环（7）	侧手翻（6）	侧手翻跳高箱（5）	俱乐部展示期
小学水平三	双手支撑后回环（9）	助跑单脚起跳接侧手翻（8）	头手翻跳箱（10）	自由创意表现期

资料来源：柴娇：《日本中小学体育教学实施系列之一：小学体操》，《体育教学》2008年第6期。

此外，曲宗湖、杨文轩主编的《域外学校体育传真》[②]，毛振明的《探索成功的体育教学》[③]，顾渊彦的《体育课程的约束力与

[①] 王占春：《日本中小学体育考察研究（续）》，《广州体育学院学报》1982年第7期。
[②] 曲宗湖、杨文轩：《域外学校体育传真》，人民体育出版社1999年版。
[③] 毛振明：《探索成功的体育教学》，北京体育大学出版社2001年版。

灵活性》①，张世响的《现代日本学校体育教育的变迁（1945—2008）》②等资料中都涉及日本关于教材内容排列的问题。

2. 关于美国体育课程（教材）内容排列的研究

2005年美国③对体育课程标准进行了修订，将体育课程划分为四个水平：幼儿园至小学二年级为水平一，三至五年级为水平二，六至八年级水平三，九至十二年级水平四，水平的变换和儿童及青少年的发展形势是相一致的，并且一个水平段包含更广泛的年龄范围，更为接近学生身心发展水平。有学者④对中美标准进行对比认为："中国的标准将义务教育阶段与高中分开，美国的标准将小、中、高阶段的课程视为一个整体，每个项目根据年龄的特征循序渐进地展开教学，不仅有利于学生完整扎实地掌握运动技术，培养良好的体能，更有利于学生终身体育习惯的养成。"

此外，梁国立、高嵘的《中、美体育课程标准之比较》，俞福丽、潘绍伟的《中美体育与健康课程内容标准的比较分析》，梁汉平的《美国中小学体育课程计划的变化及其启示》等对了解美国课程内容设置与组织均有重要启示。

3. 关于其他国家体育课程（教材）内容排列的研究

英国⑤体育课程标准规定了国家必修的课程内容，即：学生必须学习舞蹈、游戏、体操、游泳和水上安全、田径和户外探险活动六大范畴内容，体现了国家课程的约束力。随着年龄的增长，课程

---

① 顾渊彦：《体育课程的约束力与灵活性》，人民体育出版社2002年版。
② 张世响：《现代日本学校体育教育的变迁（1945—2008）》，北京体育大学出版社2009年版。
③ 陈金凤：《中美体育课程标准的比较研究》，硕士学位论文，南京师范大学，2007年，第19页。
④ 裴蕾：《中美初级中学体育课程标准比较研究》，硕士学位论文，首都体育学院，2014年，第31—32页。
⑤ 尤凡：《中英基础教育体育课程标准的比较研究》，硕士学位论文，西北师范大学，2012年，第32页。

内容难度也依次增加，体现出层次性和递增式教学模式：学段一（5—7岁）对游泳和水上安全选修，不学田径和户外探险活动，学段二（8—11岁），学段三（12—14岁），学段四（15—16岁）的学生，则要求必修上述六大领域课程内容。

加拿大[①]的《课程标准》从低年级到高年级不停地变换着课程的目标、课程的内容、教学的手段和课程的评价标准，充分考虑青少年发育特征，课程难度循序渐进，课程设置呈现梯次性，更加符合学生的切身实际，满足不同年龄段学生的需求。

韩国[②]第七次体育课程改革在"弘益人间"理念下强调"让每个孩子都能拥有一项终身体育运动技能"。体育课程内容设置体现出季节性、民族性特点，形成"必修课+选修课"的课程体系。

澳大利亚新南威尔士州小学健康与体育课程内容设置"重视课程内容的基础性、综合性、延展性、可操作性，突出儿童健康的全面性"[③]。

俄罗斯2004版与2010版体育教学大纲"在课程目标、课程内容、课程评价等方面凸显了连续性和稳定性特点，坚持理论与实践相结合、必修与选修相结合原则，强调课程内容实际可操作性"[④]。

综上所述，国外学者在一般课程与教学论视角对排列原则、排列原理、排列依据等方面取得了开拓性研究成果。而丰硕的教育心理学研究成果为研究教材内容排列奠定了深厚的理论基础。课程标准对教材内容排列具有重要指导意义，国外课程标准对课程内容设

[①] 张凯：《加拿大初高中体育课程标准的研究》，硕士学位论文，北京体育大学，2012年，第29页。

[②] 孙有平、周永青、张磊：《韩国初中体育课程内容设置及其启示》，《体育文化导刊》2010年第7期。

[③] 梁汉平、陆作生：《澳大利亚新南威尔士州小学健康与体育课程内容设置及启示》，《成都体育学院学报》2012年第10期。

[④] 原鹏程：《俄罗斯初中体育教学大纲2004年版与2010年版比较——课程目标、课程内容、课程评价为中心》，《中国学校体育》2013年第11期。

置总的趋势有：第一，都体现出约束性与灵活性相结合趋势。第二，强调体能改善与运动技能形成。第三，注重学段之间课程内容的阶段性、层次性和连续性。对于我国体育教材内容排列有重要启发意义。遗憾的是，从收集到的资料看，从微观对具体的体育教材内容排列，例如对日本小学体操技术学习顺序之类的研究不多。

二 国内研究现状

（一）关于教材内容排列的研究

1. 影响教材内容排列因素相关研究

我国课程研究起步较晚，第一本《课程论》[①]是由人民教育出版社于1989年3月出版的，作者陈侠在提出组织教材内容时要考虑以下问题：教材的组织是否符合循序渐进的原则，是否注意到本学科新旧知识之间的衔接，是否注意到本学科同其他学科教材的联系，是否注意到启发学生求知的兴趣，是否注意到发展学生的智力、培养学生的能力，是否符合学生的学习心理规律。

徐名滴等[②]十分强调编排教材顺序的重要性，认为"一旦教材内容决定下来以后，如何编排这些教材就显得特别重要，至于哪些内容安排在先，哪些内容安排在后，要以一定的学习心理学原理为依据。同时还要考虑到学习某些概念和技能的最佳时间"。"课程顺序的安排必然要考虑时间顺序、空间顺序、逻辑顺序、难点顺序、学习者的成熟顺序、条件具备以及其他暂时的影响因素，并寻求这些顺序的协调一致。"

廖哲勋、田慧生在《课程新论》[③]中提出按照学生心理发展的特点组织教材内容，具体包括正确处理基础性和层次性的关系。并

[①] 陈侠：《课程论》，人民教育出版社1989年版，第272—273页。
[②] 徐名滴、高凌飚、冯增俊：《课程理论与课程设计》，广东教育出版社1991年版，第119页。
[③] 廖哲勋、田慧生：《课程新论》，教育科学出版社2003年版，第299—300页。

提出在纵向安排课程时要研究学生学习这些内容的适合年龄段（学生能够学会这项内容的年龄段）、最佳年龄段（学生学习这项内容进步最快、效果最佳的年龄段）和关键期（一旦错过这个年龄段，这项内容的学习就会变得较为困难甚至极其困难）。纵向安排的另一个重要的问题是各科目的编排顺序问题。首先，要优先安排工具性学科包括语文、数学。其次，按照相关学科内容的内在联系来确定彼此的先后接承关系。最后，学生身心发展的规律也对各科目的编排顺序具有指导作用。

范印哲[①]依据不同的作用将教材内容分为组织性教材内容和支持性教材内容，组织性教材内容的编排原则有：按学科逻辑编排、按内容的时间顺序编排、考虑教学对象接受能力的编排原则、知识结构化和序列化编排原则等。从形成教材知识系统的一般原则和反映学科和课程发展特征的原则两个方面来探讨教材内容的最佳排列顺序。前者具体包括由整体到部分，确保从已知到未知，按事物发展的规律排列，注意学习内容之间的横向联系。后者包括按学科发展所达到的统一阐述的顺序排列，按教材知—能结构达到最佳效果的顺序排列，按范例结构基本顺序排列。

2. 关于教材内容排列的逻辑顺序与心理顺序研究

王策三[②]在对教学大纲和教科书的系统性解释时写道："以学科逻辑系统为主，力求照顾到学生心理特点，即他们的年龄特点、认识事物的心理顺序、智力和各种心理品质发展的顺序。例如，一般是从具体到抽象，由近及远等。"

陈侠[③]认为一门学科教材的安排都要处理好逻辑系统与心理系统的关系，教材所包含的知识都符合科学的原理原则，即保证了它

[①] 范印哲：《教材设计导论》，高等教育出版社2003年版，第265—266页。
[②] 王策三：《教学论稿》，人民教育出版社1985年版，第216页。
[③] 陈侠：《课程论》，人民教育出版社1989年版，第321页。

的科学性；教材排列的顺序，却是合乎学生学习的，即保证了它的可教性或便利性。学科教材的排列虽然是心理体系，这是为了便于学习，而学习的结果应当逐步接近逻辑体系，即科学本身的体系。教材编辑工作要真正做到循序渐进，既要考虑到科学本身的逻辑顺序，也要考虑到学科和教材适合儿童学习的心理顺序，力求逻辑顺序与心理顺序的统一。

施良方[1]认为：课程内容组织分为逻辑顺序和心理顺序，前者是根据学科本身的系统和内在的联系来组织课程内容，后者是按照学生心理发展的特点来组织课程内容。施良方的研究并没有止步于逻辑顺序与心理顺序的统一，进一步提出了"当然，这只是一种理论上的阐述，在课程实践中还会遇到许多具体的问题。一方面，不同的人对某门学科的逻辑顺序会有不同的看法；另一方面，对学生心理发展规律现在还不能说已经被揭示出来了。所以，在课程实践工作中，还会有许多具体问题有待深入研究"。

也有学者直接对教材而非课程内容的组织方法进行研究，徐继存[2]等人认为教材的组织方法有逻辑式组织和心理式组织，在兼顾两者的同时，不同的学科和学生在不同的学习阶段又有所侧重，例如在小学低年级可侧重心理组织，到了高年级尤其是高中后，则侧重逻辑组织；就学科论，高中数学、物理、化学、历史等着重采用逻辑组织法，音乐、美术、体育、劳动技术、公民、家政等科目的教材，可以主要采用心理组织法。

课程内容的组织方法方面，靳玉乐[3]提出了渐进性组织与跨越性组织。渐进性组织所强调的渐进过程不仅是要按照知识的难易程度、逻辑顺序来进行排列，同时也要照顾学生心理发展的顺序。而

---

[1] 施良方：《课程理论：课程的基础、原理与问题》，教育科学出版社1996年版，第118页。
[2] 徐继存、周海银、吉标：《课程与教学论》，山东人民出版社2010年版，第134页。
[3] 靳玉乐：《课程论》，人民教育出版社2012年版，第227页。

跨越式组织并不是指课程内容组织可以忽略知识本身的系统性，它更强调知识之间的联系。

从上述研究可以看出，研究者都认同课程内容组织要结合知识逻辑顺序与学生心理顺序，而不是固执一端。可以说一般课程与教学论为体育教材内容排列研究从宏观上指出了方向、找出了切入点。但是，就像施良方提出来的"逻辑顺序与心理顺序究竟是什么，具体到不同学科又有哪些变化"，这些问题还没有揭示，也留给了学科课程与教学论去研究。

3. 关于教材内容排列方式研究

（1）直线式与螺旋式研究

就排列方式而言，学者研究最多、应用最广的是直线式与螺旋式排列。

王策三[①]从知识需要学习的次数对直线与螺旋排列定义。认为：所谓直线排列，即各种知识（事实、原理）只学一次；所谓螺旋排列，即许多的知识要反复学习。并进一步提出：究竟采取何种排列方法，要综合考虑普及教育情况、学制分段情况、具体学科的特点以及学生基础条件，才能决定以哪一种排列为主，同时辅以另一种排列，不宜绝对化。王策三先生对两种排列方式的解释简单清晰，对适用的条件提出的建议比较科学、客观，也认识到了影响选择排列方式的因素是多元的。

陈侠[②]认为：以学科为中心、教材为中心的时候，只需直线排列即可。在考虑学生接受的过程中，陈侠认为对于同一个课题的教学，可以随着学生年龄的增长和理解程度的加深，逐步扩大教材的广度，增加教材的深度，这种排列方式称为螺旋式。他从学科角度提出两种排列方式，认为语文、体育等教材不能采用直线排列，而

---

① 王策三：《教学论稿》，人民教育出版社1985年版，第216页。
② 陈侠：《课程论》，人民教育出版社1989年版，第321—325页。

初中学习植物学、动物学，高中学习生物学等可以说是直线排列。

廖哲勋、田慧生[①]认为直线式的逻辑依据是，课程知识本身内在的逻辑是直线前进的。而螺旋式的逻辑依据是人的认识逻辑或认识发展过程的规律，即人的认识遵循着由简单到复杂、由低级到高级逐步深化的发展规律。最后，提出对理论性较强、学生不易理解和掌握的内容，以及对低年级的儿童来说，螺旋式较适合；对一些理论性相对较低的学科知识，操作性较强的内容，则直线式较适合。

陈侠和廖哲勋的认识较为一致，即直线式排列是依据学科逻辑，而螺旋式排列是依据学生心理顺序。但陈侠简单地从学科角度区分直线式和螺旋式排列不免过于笼统，而廖哲勋等从内容难易程度来划分排列方式则相对具体了一步。除廖哲勋等人外，徐继存等也提出将内容难度作为选择排列方式的标准。徐继存[②]等提出直线式排列是对一科教材内容采取环环相扣、直线推进、不予重复的排列方式。也就是说，在教材的内容排列中，后面不重复前面已讲过的内容。这种编排形式下，学习有相当的难度。一般来说，难度不大的分科教材或教材中的非重点、非难点的内容，以及高中和大学阶段由于学生已具备较广博的知识和较抽象的逻辑思维能力，可以采用这种排列方式。其优点是，可以有效地避免内容前后重复，节省学生的学习时间，提高教学效率。其缺点是，不能连续重复编排中小学教材内容中的重点和难点，可能使学习基础较差的学生难以掌握疑难知识，由此掉队。

施良方[③]对两种排列方式的解释为：直线式就是把一门课程的内容组织成一条在逻辑上前后联系的直线，前后内容基本上不重

[①] 廖哲勋、田慧生：《课程新论》，教育科学出版社2003年版，第191—194页。
[②] 徐继存、周海银、吉标：《课程与教学》，山东人民出版社2010年版，第134页。
[③] 施良方：《课程理论：课程的基础、原理与问题》，教育科学出版社2006年版，第118—119页。

复。螺旋式则要在不同阶段上使课程内容重复出现，但逐渐扩大范围和加深程度。并进一步解释直线式排列的优点在于不断呈现新内容，学生总觉得在学习新的东西，能使学生保持学习兴趣。而螺旋式排列的优点则是学科的基本原理随着学年的递升而螺旋式的反复，逐渐提高。就一般而言，直线式与螺旋式都有其利弊。直线式可以避免不必要的重复；螺旋式则容易照顾到学生认识的特点，加深对学科的理解。而两者的长处也正是对方的短处。

学者对直线与螺旋两种教材内容排列方式达成一致意见，但是对选择排列方式的标准有不同区别：王策三提出综合考虑学制、学科和学生基础等；陈侠和廖哲勋等依据的是知识顺序或心理顺序；廖哲勋、徐继存等则从教材难度和是否重点教材来选择排列方式。对选取排列方式标准的分歧意味着直线式与螺旋式两种排列方式本身的复杂性，也说明我们对其研究不够。

（2）阶梯式排列研究

黄甫全认为在直线式课程与螺旋式课程的概念里，课程结构的内容与课程排列的形式被人为地割裂了，未实现统一。在此基础上提出阶梯型课程的概念[①]：精选人类文化为课程内容并将课程内容进行阶梯式排列和实施，从而有效地适应和促进学生发展的阶梯式上升。并认为阶梯式是课程结构及其所属的教材排列的应有形式，其中，阶梯型作为外在形式，揭示了课程结构内容是精选人类文化成果，而且应当随着学生年龄的增长，在依次演进的每一个年级、每一个单元和每一个课时中逐步由简单到复杂、从低级到高级地排列，形成三个层次的一个个台阶，从而构成一道波浪式上升的阶梯。"阶梯型课程的主体是阶梯型教材，阶梯型教材的关键在于形成一道教材难度阶梯。"阶梯式排列为体育教材内容的排列提供了

---

① 黄甫全：《阶梯型课程引论》，贵州人民出版社1996年版，第135页。

依据和思路。

阶梯式排列主要的依据是教材内容之间的难度,为教材内容整体排列框架与趋势提供了重要的参考和启示。然而,教材内容排列是复杂的,一些学科内部教材内容之间的难度并不十分明显,尤其是处于并列关系的教材内容之间无法按照难易度排列。更为重要的是,教材内容难度是教材内容排列的一个标准,但并非唯一标准。教材内容排列时还需考虑学生认知、学生心理、学生身体发展状况、教材内容本身的逻辑性等。因此,虽然阶梯式排列为教材内容排列提供了新的视角,但难以解决排列中的所有问题。

(二)关于体育教材内容排列的研究

1. 体育教材内容排列影响因素研究

20世纪80年代,对体育教材内容排列研究重点考虑学生身心发展特点。1981年版的《体育理论》[①]"学校体育"篇中提出:"教材排列方式应全面考虑发展身体和掌握知识技能的需要,国家各项教材的特点和价值,采用不同的、恰当的排列方式。"罗映清[②]等认为:"大纲的教材内容、比重及考核项目标准,应根据学生的年龄特点、特别是身体素质发展的阶段性、敏感期和发展顺序,以及男女性别差异加以安排。"

随着体育教材内容排列问题的暴露和研究的深入,学者们逐渐认识到影响体育教材内容排列因素的多元性。如王占春[③]提出体育教材内容排列时要考虑的因素:精选和构建教材内容的难点在实际操作。在编写教材内容时,把全部教材内容排列成顺序,但是在划分成年级教材时,就会受到运动项目、活动方式、难度差异、重复

---

① 全国体育学院教材委员会《体育理论》编写组:《体育理论》,人民体育出版社1981年版,第88页。

② 罗映清、曲宗湖、刘绍曾等:《对编制我国十二年制中小学体育教学大纲的初步设想》,《体育科学》1984年第2期。

③ 王占春:《新中国中小学体育教材建设五十年(下)》,《中国学校体育》1999年第6期。

次数的不确定性以及教学条件的影响而不准确。特别是地区、气候、物质手段、民俗特点、学生生长发育和运动水平、教师以及班级人数的差异等,而难以适应所有的学校和学生。龚正伟[1]在对教科书编排时提到,横向上应当考虑学科领域的广度、各类课业比重及联系,形成的教学单元及课时,以及具体的编排方式和秩序;纵向上考虑前后学段教学内容的衔接,教学内容的难度与学生年龄特征、心理发展水平的关系,各类教学内容在各学期的分配,各学期之间学科知识体系的循序渐进性和连贯性等。

在借鉴一般课程与教学论对排列方式的研究成果同时,越来越多的学者认识到研究应体现"体育学科"自身特点,体育教材内容排列不应泛泛地提出考虑学生年龄特点,应结合"体育学科"特征。毛振明[2]等认为体育教学内容具有内在逻辑关系不强、"一项多能"和"多能一项"、数量大和内容庞杂、每个运动都有自己独特乐趣等几个特性,这些特性是研究体育教学内容选择和编排原理的基础,是探索体育教学规律性的先决条件。陆作生等[3]认为体育课程内容的组织应考虑体育学科本身的系统性和连续性,这有利于学生系统地了解和掌握体育课程内容。但体育课程内容的组织也不能单纯强调体育课程内容体系,还应强调要根据学生身心发展特点,以及学生的兴趣、需要、经验来组织课程内容,实现逻辑顺序与心理顺序相统一。朱伟强[4]认为虽然构成体育学习经验的众多的运动项目和身体练习之间没有比较清晰的由易到难、由简到繁的阶梯性,也没有从基础到提高的逻辑结构,但就体育学习中不同体能、运动技能和运动概念的形成而言,是有一定的阶段性、顺序性的。朱伟强从体育学科内容特性出发,既认识到体育教材内容的"非逻

---

[1] 龚正伟:《体育教学论》,北京体育大学出版社2004年版,第207页。
[2] 毛振明:《体育教学改革新视野》,北京体育大学出版社2003年版,第65—67页。
[3] 陆作生、伍少利:《体育课程的编制》,《北京体育大学学报》2004年第4期。
[4] 朱伟强:《基于标准的体育课程设计》,北京体育大学出版社2008年版,第114页。

辑性"一面，也提出有一定的阶段性与顺序性一面，是对体育教材内容认识的深化，但这种阶段性与顺序性是什么，体现在哪里，对体育教材内容排列有哪些启示则没有涉及。

从体育教材内容排列影响因素研究来看，当前学界对从学生身心发展与体育教材内容特征两方面结合达成共识，并应考虑地区、气候、民俗、性别等因素。这也说明体育教材内容排列的复杂性和研究任务的艰巨性。

2. 对体育教材内容具体排列方式的研究

教材内容排列方式关系到各年级教材内容的数量，各项教材内容的集散程度，以及各年级教材内容之间的重视程度，对教学效果有较大影响。体育界学者主要从以下三方面对体育教材内容排列方式进行研究。

（1）直线式与螺旋式排列在体育教材内容中应用研究

长期以来，直线式与螺旋式排列占据了一般课程与教学论排列方式的主导地位。不少学者在对直线式与螺旋式排列分析的基础上对体育教材内容排列方式进行了研究。

关于直线式排列在体育学科中应用，罗映清[1]等认为体育基本知识采用直线式排列，每年出现。王占春[2]认为体育锻炼不能一劳永逸，因此，体育教材不可能都采用直线式排列方法，但是体育教材也不应简单、机械地重复，而是在质（动作的难度或技巧）和量（时间、距离、重复次数、延续的时间）方面提高要求。

体育专业相关教科书对直线式与螺旋式排列进行了说明，《体育理论》[3]"学校体育"篇中就提出了体育教材的排列方式一般有

---

[1] 罗映清、曲宗湖、刘绍曾等：《对编制我国十二年制中小学体育教学大纲的初步设想》，《体育科学》1984年第2期。

[2] 王占春：《论中小学体育教学大纲的体系》，《课程·教材·教法》1983年第3期。

[3] 全国体育学院教材委员会《体育理论》编写组：《体育理论》，人民体育出版社1981年版，第88页。

直线排列、螺旋排列和混合排列三种。并提出"直线排列的特点是该教材教过之后，基本上不再重复出现。如体育基本知识教材一般是按这种方式排列。一些重要的、对锻炼身体作用较大的教材，一般采用螺旋排列。如中小学跑步的教材就是按照这种方式排列的，跑步在各年级反复出现，但要求却逐年提高。综合排列又叫混合排列。它是将上述两种排列方式混合使用。这种排列方式是将教材分为若干组，每组教材只在相邻年级重复出现。所以从整体上看，具有直线排列的特点，从局部看则属于螺旋排列。如中小学武术教材就是按这种方式排列的。"相似的观点也出现在陈文卿[1]等主编的《学校体育学》与李祥[2]主编的《学校体育学》中：直线排列是按照由易到难、由简到繁的原则，循序渐进地按年级的顺序依次排列教材。一般是某项教材内容排过后，基本上不再重复出现。例如，技巧、单杠、双杠、体育卫生保健基础知识等内容，一般采用这种排列方式。螺旋排列是指某些教材在各年级反复出现的一种排列方式。对实用价值高和锻炼身体作用较大的内容可采用这种方式。例如，跑、跳、投等。但是这些教材内容反复出现，不是简单机械地重复，而是在质和量方面，逐年提高要求。混合排列是将直线排列和螺旋排列相结合的一种方式。一般除少数锻炼价值高，需要反复出现的教材采用螺旋排列外，多数教材可采用直线排列或混合排列。

教科书中将"锻炼作用、实用价值"作为判断直线式与螺旋式排列的重要标准，学者崔伟发表了相似的观点："对于锻炼价值大的内容需要循环往复的练习，应采用螺旋式安排，体育理论知识可采取直线式安排"[3]。同时他从学科的角度对直线式与螺旋式排列进

---

[1] 陈文卿、谢翔、甘式光：《学校体育学》，广西师范大学出版社 2000 年版，第 53 页。
[2] 李祥：《学校体育学》，高等教育出版社 2001 年版，第 62—63 页。
[3] 崔伟：《体育课程论》，黄河水利出版社 2005 年版，第 99 页。

行了说明:"不同的学科其课程内容的组织是不同的。有的学科宜采用直线式,有的学科宜采用螺旋式,有的学科还可以采用混合式。就体育课程而言,应以螺旋式为主,直线式和混合式为辅。因为体育课程的目标不以掌握事实、概念、理论、原理为主,而主要是通过身体练习、掌握锻炼的方法,增强体能与健康,养成锻炼的习惯和健康的生活方式,在活动中培养良好的心理品质、人际交往能力和合作精神。"从上述分析中可以看出,作者认为掌握事实、概念、理论、原理等理论知识宜采取直线排列,而养成锻炼习惯、健康生活方式等宜用螺旋排列。但是其他学科也要通过事实、概念、理论、原理等最终目的是培养优秀品质,提高综合素质;而体育学科在培养心理品质、人际交往能力、合作精神的前提是要掌握运动技能、锻炼方法等。因此,简单地认为体育课程内容以螺旋式排列为主有点武断。

与"将重要的、实用价值高的教材内容采用螺旋排列"观点相反,龚正伟[①]认为:"对于某些需要连续学习或重点的内容,往往又采取相对集中的安排,连续地上课,便于学生掌握较系统的学科知识,这是直线式编排。"对于"各类内容在每一学期都应有适当的安排,注意到各个领域的覆盖面,也考虑到不同内容、不同课型的丰富性,同时逐步加深难度或扩大学习的范围,也注意到整个知识结构的循序渐进和连贯性,即主要采取螺旋式排列"。

上述可以看出虽然都提到了直线式与螺旋式排列,但是对其理解有很大不同。一致看法的是:直线排列是某项教材排列之后不再重复。螺旋排列是教材在各年级重复出现,并逐年提高。在具体到"哪些教材内容应直线排列、哪些教材内容应螺旋排列"上略有不同,陈文卿、李祥认为技巧、单杠、双杠、体育卫生保

---

① 龚正伟:《体育教学论》,北京体育大学出版社2004年版,第208页。

健基础知识等内容，一般采用直线排列方式，而实用价值高和锻炼身体作用较大的内容如，跑、跳、投则采用螺旋排列。可以说陈文卿与李祥判断采用何种排列的标准是教材实用价值的高低。崔伟虽然从学科视角来看待教材内容排列，但具体到体育学科判断的标准依然是"锻炼价值大的采用螺旋式"。龚正伟的标准是需要连续学习和重点教材则直线排列。但是各位学者并没有给出判断"实用价值高低""锻炼价值大""重点教材"的依据，也就是说给出选择排列方式的标准的逻辑起点并非已知的，而且本身又是十分复杂的，因此实践中人们仍然不清楚如何排列。上述学者从不同视角对体育教材内容排列进行了研究，推动了人们对该问题的认识。

（2）体育教材内容分层排列理论研究

面对存在缺陷的直线式与螺旋式排列理论，面对由于没有坚实的排列理论而造成实践中的一系列问题，许多学者都在积极探索体育教材内容排列理论与方式，其中毛振明教授提出的"分层排列"理论最具有代表性。毛振明教授认为体育教材内容的排列必须建立在对"层次（层次是指篮球是一个层次，篮球中传球是一个层次，传球中的胸前传球又是一个层次。）"[①]的明确区分上，必须将各种体育教材内容放到层次的范畴内去考虑，基于此他将教材内容分为精学类、简学类、介绍类与锻炼类四个层次。同时，他从"教材内容排列方式和教材内容排列的循环周期之间存在着密切关系"入手，将原有的直线排列与螺旋排列细分为充实螺旋式排列、充实直线式排列、单薄直线式排列与单薄螺旋式排列。最后将教材内容分层与细分后的排列方式结合起来，以小周期循环的多与少为横轴，以大周期循环的多与少为纵轴相交画出一个象限图，再将四个层次

---

① 毛振明：《体育教学论》，高等教育出版社2005年版，第216页。

的教材内容与之对应，就形成了图1-1。毛振明教授并未给该排列理论命名，本书为了写作方便，依据该排列理论形成过程将其命名为"体育教材内容分层排列"理论。

```
                        多练（小循环多）
                             ↑
   粗学教材：未来生活中学生可        精学教材：常见的、可行
   能遇到的、有必要具有一定基       的、学生喜欢的、教师能
   础的、教学条件允许的项目。       教、场地允许、与学校传
   如棒球、轮滑、体育舞蹈、羽       统项目相结合的项目。如
   毛球、定向越野、短拍网球、       篮球、排球、武术、足球、
   郊游和野营、健美运动、形体、     乒乓球、健美操
   太极拳、跆拳道、防身术
少排 ←─────────────────────────────────────→ 多排
（大循环少）                                （大循环多）
   介绍性教材：没有必要掌握，但有    锻炼性教材：需要锻炼的身体
   必要让学生知道的或体验的运动文   素质和走、跑、跳、投、支撑、
   化和项目的有关知识。如高尔夫球、  攀爬、钻越、搬运、负重等能
   橄榄球、汽车拉力赛、台球、保龄   力。如力量、耐力、速度、灵
   球、跳水、竞技体操、网球、拳击、  敏、柔韧等身体素质练习，和
   登山、极限运动、NBA篮球、足球   精学、粗学教材有关专项素质
   四大联赛等                     练习、身体基本活动能力练习
                             ↓
                        少练（小循环少）
```

图1-1　划分四个层次体育教学内容的方法

　　体育教材内容分层排列理论是对传统直线式与螺旋式排列理论的突破与创新，不仅是对体育教材内容排列理论的贡献，而且丰富了一般课程与教学论中的排列理论。然而，该理论并非完美无缺，也并非能解决体育教材内容排列中所有问题与情境。从研究的视角来看，教材内容排列应该考虑到学科逻辑与学生身心发展逻辑相结合，考虑到横向排列与纵向排列两个维度。体育教材内容分层排列理论是在对教学论中的排列方式和体育学科教材内容分析基础上提出的，在纵向维度没有体现出学生身心发展的规律，在横向维度又难以体现不同教材内容之间的组合。因此，仅从研究视角来看该理论具有一定的缺陷，第四章将对该理论进行全面分析与讨论。

(3) 体育教材内容单元排列的研究

教学单元是教学设计重要的概念，是体育教材内容排列的主要单位，学者们十分强调在单元排列中采取互补的措施。顾渊彦[1]认为：篮球运动被人们视为对身体影响最为全面的运动项目，但是缺少上肢的悬垂和支撑能力。因此，在篮球教学单元中，可以把单双杠的部分练习作为篮球主项的副项内容，为了实现补偿的功能。林向阳博士[2]也提出了相似的观点："由于体育教学内容对体育教学目标贡献度不同，如选择了某一项教材内容主要能实现某一教学目标，但对于实现其他具有局限性，为了实现全面的课程目标，必须选择其他教材内容来搭配。"

有学者对在单元内合理排列教材内容，可以提高教学效率与质量进行了实证研究。董利[3]依据动作技能转移的理论，将体操动作中同结构高度相关的动作有规律地组合在一起进行教学，并与按常规排列法教学进行实验对比，结果实验组缩短了教学时间，加快了教学进度，提高了动作质量，从而达到了提高体操教学效果的目的。吴维铭、卢闻君[4]分别对浙江师范大学体育系体操普修课男生56人和浙江淳安二中112名初一年级学生进行了大单元教学实验，结果与常规教学相比，占有明显的优势。

董利通过将体操相似的动作结构排列在一起进行教学，取得了较好的教学效果。吴维铭等通过大单元教学取得了较常规教学明显的优势。这都证明了通过对教材内容科学、合理地排列，有助于教学质量的提高。

---

[1] 顾渊彦：《基础教育体育课程改革》，人民体育出版社2004年版，第42页。

[2] 林向阳：《普通高校体育教材设计与编写的理论探索》，博士学位论文，福建师范大学，2006年，第4页。

[3] 董利：《体操技术教材同结构排列法研究》，《沈阳体育学院学报》1995年第4期。

[4] 吴维铭、卢闻君：《体育大单元教学理论与实践的研究》，《北京体育大学学报》1997年第4期。

三　现有研究述评

（一）现有研究取得成绩

1. "体育教学内容的重复问题实际上是教材排列的理论问题"

学者们通过对体育教学中出现的问题深入研究最终找到了体育教材内容排列这个源头，使"教材内容排列"作为问题提上研究日程，引起了众多学者关注。并有学者对相关排列进行了实证研究，认为科学、合理的教材内容排列有助于教学质量的提高。爱因斯坦曾说："提出问题比解决问题更重要。"问题是科学发现的逻辑起点，新问题的提出标志着科学的真正进步，将当前体育教学中存在的问题聚焦在排列理论本身就是发现问题、提出问题，是当前研究的一大贡献。

2. 综合现有研究成果，课程组织、课程内容和教材内容排列应遵循连续性、顺序性、整合性、关联性、均衡性等原则

另外，越来越多学者强调"课程（教材）内容组织时倾向于学科的逻辑顺序和学生的心理顺序的统一，而不是固执一端"。

3. 体育教材内容排列的影响因素众多

主要包括学科内容、学生年龄、学生身体发育敏感期、性别、学校物质条件、班级人数、地域、风俗等。

4. 体育教材内容排列方式有直线式排列、螺旋式排列，并对选择两种排列方式的标准、各自利弊有了进一步认识

在对两种排列方式研究的基础上，教育学界提出了阶梯型排列理论，体育学界在划分体育教材内容层次和分析排列循环周期的基础上，提出了体育教材内容分层排列理论。这两种理论对传统直线式与螺旋式排列理论的突破，为体育教材内容排列提供了思路和奠定了基础。

（二）现有研究存在不足

1. 多是零散的、局部的研究，缺乏系统的、整体的专题研究

专题研究一般是以硕博论文、课题、专著等形式出现的系统研

究。无论是教育学界还是体育学界均没有对教材内容排列作专题研究，多数是以学术论文或作为课程论、教学论书籍中一节内容出现。零散的、局部的研究不能站在全局高度来看待问题，而体育教材内容排列设计是一个系统、复杂的工程，涉及方方面面的因素，只从某个角度来研究或只研究某方面都难以从整体上解决排列的问题，最终单方面研究成果也会由于缺乏其他领域支撑而"独木难支"。

2. 浅层解释多，深层研究少

由于缺乏对体育教材内容排列的专题研究，所以对相关排列的解释多是来自课程论、教学论、课程设计等教材或专著，这些解释有不少大同小异，存在着体育课程与教学论借鉴一般课程与教学论，而国内课程与教学论不少是直接移植国外成果。每一环节引进的都是最外层的现象，而深层次的为什么是这样则没有涉及。每一环节的借鉴都会产生不同的理解，也不乏对原意失真的理解。就像有学者指出："有的教材编写仅停滞于对教育学和心理学相关概念的肤浅解读、简单迁移和硬性延伸上，而没有将其基本原理和学科自身特点有机结合、相互渗透，从而不能发挥这些理论对教材建设的深层次指导作用。"[①] 这种囫囵吞枣式的移植、照搬过来的成果很难指导中国这样复杂的体育教材内容排列。

3. 就排列研究排列，忽视了排列的理论基础

体育教材内容排列研究属于应用型研究，具有很强的实践性和操作性。尽管应用型研究是为解决现有问题提供科学依据，但同样属于获得新知识的创造性研究，同样离不开理论基础作为支撑。而现有不少研究视野局限于体育课程与教学论范畴，不仅没有"跳出

---

① 靳玉乐：《十年教材建设：成就、问题及建议》，《课程·教材·教法》2012年第1期。

体育"从教育学、教育心理学等母学科寻求理论依据，甚至忽略了对运动人体科学、体育教育训练学等二级学科研究成果的借鉴。狭隘的研究视野不可避免地造成研究徘徊在现象与想象层面，最终难以有所突破与创新。

4. 宏观研究多，微观研究少

陈侠在《课程论》的序中写道："教育有规律，规律乃真理，真理皆具体，具体理更明。"[①] 从上述综述中可以看出，对体育教材内容排列研究多是从排列原则、依据、方式等宏观的角度。而体育教材内容排列是为了在教学设计中应用，除了宏观理论研究外，更需深入进去研究与解决微观、具体层面的问题。

5. 研究人群单一

几乎都是高校课程专家、学科专家，而忽视了真正使用排列理论的、每天都接触教材排列的、对教材排列最有体验和感受最深的一线体育教师、教研员等力量。

尽管学者们付出了艰辛努力，做出了开创性研究，取得了丰硕的研究成果。然而，由于现有研究存在着上述五方面的问题，致使体育教材内容排列中一些基本问题仍然没有给出满意答案，例如直线式与螺旋式的排列特征、使用范围；体育教材内容的逻辑性与学生身心发展规律是什么；不同类教材内容横向如何组合、纵向如何衔接等。最突出的遗留问题体现在：无论是直线式与螺旋式排列、还是阶梯型与分层排列都不是"放之四海而皆准"的真理，都不能解决排列中的所有问题，也不能涵盖排列所有的情境。人的认识是一个不断反复、无限发展的过程。随着体育教学中新问题、新情境不断出现，原有理论的局限性逐渐暴露和凸显，同样需要对体育教材内容排列反复研究和实践。

---

① 陈侠：《课程论》，人民教育出版社1989年版，第6页。

第三节　研究对象与研究方法

一　研究对象

本书是以体育教材内容排列为研究对象。

二　研究方法

（一）研究方法论

定量研究与定性研究分别是实证主义与人本主义两种不同方法论最集中的体现。定量研究主要目标在于确定相关关系和因果联系，理论模式在于理论检验；定性研究主要目标在于理解各种现象，理论模式在于理论建构。本书采用定性与定量相结合，以定性研究为主，其理由如下：对体育教材内容排列研究不在于对现有直线式与螺旋式、分层排列理论的验证，而在于发展现有排列理论，构建新的排列理论，因此整体上看符合定性研究特征。但专家对新的排列理论评价是通过数字显示出来的，属于定量研究。具体方法论如下。

1. 归纳与演绎相结合

归纳是从特殊情景中总结出一般的结论，即从"特殊到一般"；演绎与归纳相反，是从"一般到特殊"。归纳是为了找出共同的原理、发现规律，形成理论。演绎是要将理论在实践中检验，指导实践。两者相互渗透、相互转化、相互统一。本书在研究过程中一方面在对体育教材内容排列分析基础上筛选出学习理论、动作发展理论、课程难度理论、敏感期理论等作为理论基础，通过演绎将一般性理论用来指导体育教材内容排列研究这一特殊事物，提出"体育教材内容也是具有逻辑性和难易度的，也适用人类动作发展规律和敏感期理论"的假说。另一方面逻辑性、难易度体现在哪里，动作发展规律和敏感期理论如何指导体育教材内容的排列,则需要通过归纳现有研究成果、对专家和相关人士访谈后得出。

2. 历史与逻辑的统一

任何一门科学都是历史的科学。人类的认识是一个历史过程,对体育教材内容排列研究也并非本书首创,而是对前人研究的继承与发展、扬弃和升华。具体来说,无论是对体育教材内容排列方式还是体育教材内容分类都是建立在前人研究基础上,因此不能隔断历史联系,应积极吸取不同阶段研究的合理性成分。体育教材内容排列认识过程是历史的东西,而回顾历史、总结经验、给予启示、发现规律、提炼理论则是逻辑的东西。本书坚持历史与逻辑相统一,使对体育教材内容排列理论逻辑推理建立在当前客观认识的基础上。

(二) 具体研究方法

1. 文献研究法

通过华南师范大学、广州体育学院等高校图书馆和中国知网、Springer、谷歌学术等数据库查阅有关哲学、教育心理学、认知发展心理学、体育学等相关学科资料,主要涉及(体育)课程与教学理论、学习理论、课程难度理论、人类动作发展理论、敏感期理论、体育教材内容分类、课程(教材)内容组织与排列、课程改革等主题,对收集的资料进行分类、筛选,并仔细研读。丰富的资料对于本书在找准问题所在、选择理论基础、构建排列理论等方面奠定了厚实的基础。

2. 文本分析法

本书收集新中国成立以来至 20 世纪末的《体育教学大纲》和教科书,通过对这些文本分析可以掌握新课改前体育教材内容排列现状及其原因。本书同时收集了 21 世纪不同版本的体育教科书、《河南省义务教育体育与健康课程实施方案》、《浙江省义务教育体育

（与健康）必学内容教师用书》等文本资料，对其分析以掌握新课改后体育教材内容排列现状及其原因。对大纲、标准和教科书等文本的分析，有助于全面了解我国体育教材内容排列的历史与现状。

3. 访谈调查法

访谈调查法是研究者通过与被调查者面对面进行交谈，以口头问答的形式来了解某人、某事、某种行为态度和教育现象的一种调查研究方法[①]。从研究者对访谈过程的控制看，访谈调查法可以分为结构式访谈（封闭式）、无结构式访谈（开放式）和半开放式访谈。本书采用半开放式访谈，依据研究需要确定一个主题和若干子话题与被访谈专家自由交谈。由于体育教材内容排列研究涉及若干问题，访谈的主题自然不止一个。基于此，选择了若干主题，并依据主题选择相关专家作为访谈对象。访谈主题及专家信息详见表1-2。

表1-2　　　　　　　访谈主题及专家信息

访谈主题	姓名	单位	职称
教材内容相关概念	王荣生	上海师范大学	教授博导
	贾齐	北京师范大学	教授硕导
	赵超君	开封市教研室	中学高级
理论基础	黄甫全	华南师范大学	教授博导
	谭华	华南师范大学	教授博导
运动技能学习规律	黄宽柔（健美操）	华南师范大学	教授博导
	李毅钧（排球）	华南师范大学	教授博导
	郭永波（篮球）	华南师范大学	教授博导
	黄波（游泳）	华南师范大学	教授博士
一线教学实践	钟卫东	广州市教育研究院	中学特级
	黄伟	天河区教研室	中学高级
	槐咏梅	华南师大附中	中学高级
	曹杰	广州培英中学	中学高级

---

① 杨小微：《教育研究方法》，人民教育出版社2009年版，第103页。

4. 专家评议法

以研究中构建的五种排列模型为主题设计半开放式的专家评议问卷，封闭式问题主要是判断研究成果的科学性，开放式问题主要是为了进一步修订与完善研究成果。填写评价问卷的专家主要是最需要排列理论的，也是最了解一线教学实际的教研员和中小学体育教师。由于现实中不少一线教师实践经验丰富但理论薄弱，因此，将选择专家的标准定为既有丰富经验（10年教龄以上）又勤于理论研究（高级教师、时常参加学术会议、发表科研论文）两方面，见表1-3。专家学者的评价与观点既是本书重要的资料来源之一，也提高了主要研究结论的信度与科学性，一定程度上也是本书质量的保障。

表1-3　　　　　专家信息表

序号	姓名	单位	教龄	职称
1	刘晋	深圳市教育科学研究院	38	中学正高级
2	刘俊凯	河南省基础教育教学研究室	18	中学高级（省教研员）
3	肖建忠	广东省教育科学研究院	18	教授（省教研员）
4	赵超君	开封市教研室	40	中学高级（市教研员）
5	祝芳	浙江省衢州一中	22	中学高级
6	王世勋	中山市华侨中学	22	中学高级（省级教学名师）
7	樊江波	石家庄外国语学校	21	中学高级
8	陈昌福	浙江省宁波市东吴中学	18	中学高级
9	钟卫东	广州市教育研究院	30	中学特级（市教研员）
10	苏宝明	天津市塘沽一中	15	中学高级
11	邓若峰	广州市增城中学	29	中学高级
12	郭耿阳	广州市113中学	16	中学高级
13	曹杰	广州市培英中学	30	中学高级

续表

序号	姓名	单位	教龄	职称
14	包国勇	杭州市竞舟小学	11	小学高级
15	刘军	佛山市石门实验小学	20	小学高级（省级教学名师）

5. 理论分析法

理论分析法[1]与经验分析方法相对，是在感性认识的基础上通过理性思维认识事物的本质及其规律的一种科学分析方法。理论分析属于理论思维的一种形式，是科学分析的一种高级形式。理论分析法亦是运用现代科学理论进行具体问题分析的方法，它具有快速、高效的优点，尤其能解决一些无法进行实证分析的问题。本书依据体育教材内容排列研究需要，选取学习理论、课程难度理论、人类动作发展理论和敏感期理论作为理论基础，通过对筛选的文献、收集的文本、访谈的信息等资料进行整理，遵循逻辑学相关原理对其深度思考与推理，力图使结论与观点有理有据。

第四节　本书的研究思路与框架

一　本书研究思路

《标准》实施背景下体育教材内容得以放开与开放，使一线教师拥有对教材内容选择与排列的权利。然而，传统直线式与螺旋式排列理论存在着自身无法弥补的缺陷，体育教材内容分层排列理论也无法彻底解决复杂的现实问题。缺少科学理论指导也是造成学段之间脱节、效果不明显、学生体质下降的重要原因。因此，如何对体育教材内容进行排列是一个亟待解决的问题，也是本书的立论

---

[1] 李庆臻：《科学技术方法大辞典》，科学出版社1999年版，第79页。

依据。

　　概念的清晰化是任何理论思考的必要条件。只有清晰的概念，才能准确界定研究对象和研究范围。第二章对教材内容、课程内容、教学内容进行分析和界定，并对"体育教材内容排列"等相关概念进行解释，为后面研究奠定基础。

　　应用研究是针对当前存在的问题而开展的，只有找准了问题，后续研究才有针对性。第三章首先分析新课改前、后体育教材内容排列状况，并对当前直线式与螺旋式排列理论、体育教材内容分层排列理论进行客观、全面评析，吸取以往排列实践和排列理论的长处，避免不足，为后续研究提供借鉴。

　　"有解构也应有建构"，在明确了研究相关概念和排列现状基础上，开始探索新的体育教材内容排列原理与技术。建构必须有厚实的理论基础作支撑，本书结合研究需要选择了学习理论、课程难度理论、人类动作发展理论和敏感期理论。第四章对理论基础进行介绍，并分析对体育教材内容排列的启示。

　　体育教材内容数量庞大、特性各异，实践已经证明试图对所有体育教材内容采取统一排列方式是不现实的。第五章在总结以往体育教材内容分类经验基础上，结合研究需要将其分为体能类和技能类两大类，体能类教材内容细分为速度类、耐力类、力量类、柔韧类、灵敏类和协调类等亚类，技能类教材内容细分为封闭式与开放式两亚类。

　　在直线式与螺旋式排列、分层排列等理论的基础上，结合理论基础和体育教材内容分类，第六章提出技能类教材内容不同学段衔接排列、封闭式运动技能排列、开放式运动技能排列、技能类教材内容横向排列、体能类教材内容排列等五种排列模型。最后，归纳、提炼出具有一定普遍意义的体育教材内容排列原理。

二　本书研究框架

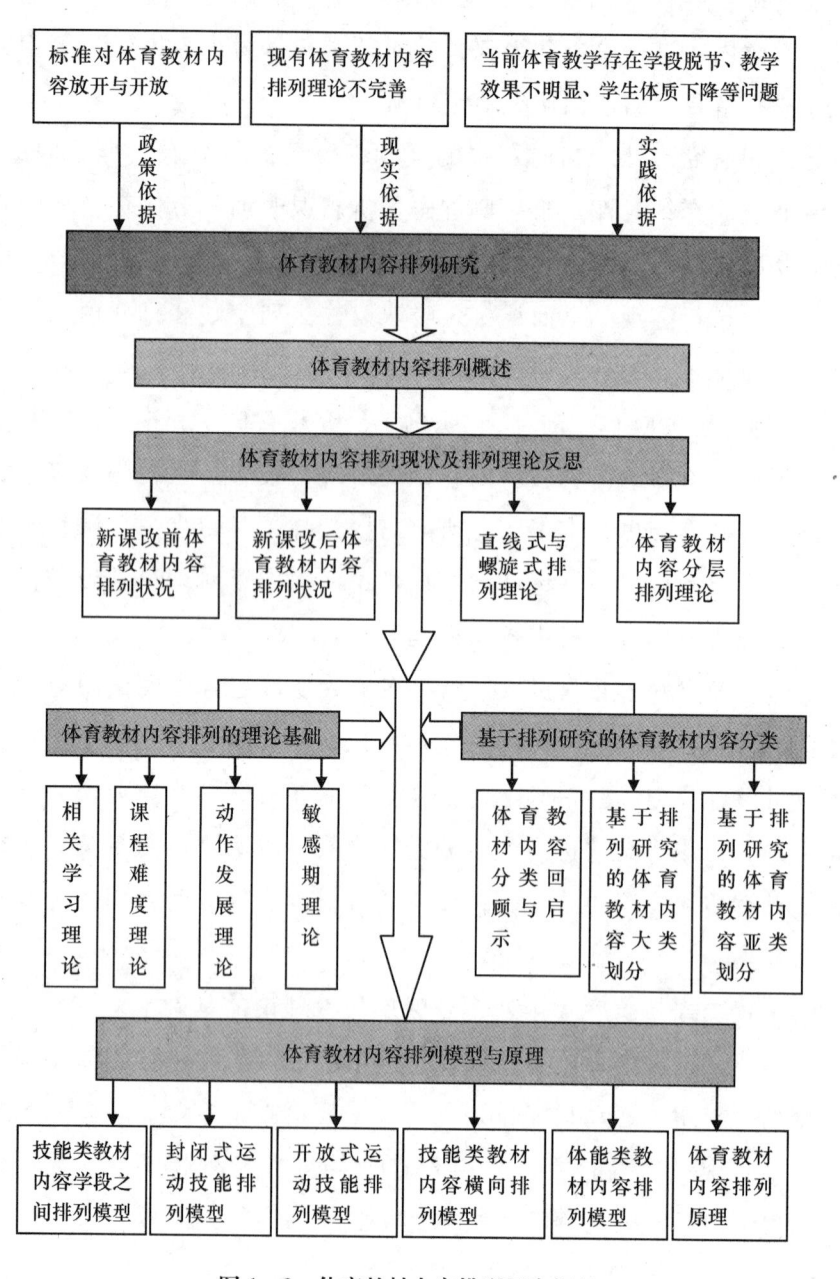

图1-2　体育教材内容排列研究框架

第五节 研究目的与意义

一 研究目的

探寻学生身心发展规律与体育教材内容的自身逻辑，研究体育新课程背景下体育教材内容排列技术与原理，试图使不同学段体育教材内容排列有序衔接，避免学段之间各自为政，相互脱节的现象。试图使学生学习内容更具系统性，使学生学习能够循序渐进、逐步提高，最终改善体能与熟练掌握一至两项终身受益的运动技能。

二 研究意义

（一）理论意义：教材内容排列的问题一直是体育课程和教材理论的一个难题，也是一个一直没有得到很好说明和解决的问题。本书的理论意义在于深化对体育教材内容排列的认识，丰富与完善排列理论，也有助于提高体育学科科学性和提升体育学科地位。

（二）实践意义：教材内容的排列是体育教师在实施《标准》过程中无法回避的问题，一线教师急需教材内容排列相关原理与技术，可以说本书直接的动力源于教学实践。本书的实践意义在于为解决体育教材内容排列问题提供可资借鉴的思路与模型，架起《标准》从文本到实践之间鸿沟的桥梁，推动体育课程改革向纵深方向发展。

第 二 章

体育教材内容排列概述

第一节　体育教材内容排列相关概念解读

一　体育教材内容相关概念辨析

长期以来，由于我国只有教学论，没有课程论，而教学大纲与教材制定者重叠，导致课程研究、教学研究、教材研究三者的混乱，也进而混淆了课程内容、教学内容与教材内容。由于一般课程论和工作实践中三者混用，自然给学科课程与教学论带来困惑。我国首位语文课程与教学论博士王荣生教授在其著作中，明确将语文课程内容、语文教材内容、语文教学内容这三个相互联系又有区别的概念进行区分，被语文学界认为是重要的理论贡献。英语课程与教学论方向俞红珍博士也对英语学科中的"课程内容、教材内容、教学内容"术语进行了辨析。三者的混用现象也同样充斥着体育学科课程与教学论的理论研究与实践应用中。如果三个有联系但却又是不同的概念纠缠在一起，如果弄不清体育教材内容究竟是什么，那么本书将无法定位其研究对象，后续研究将不可避免偏离主题，因此研究要概念先行。

（一）体育课程内容

课程内容是课程论中重要概念，学界不乏对课程内容的定义，具有代表性的有：《简明国际教育百科全书（课程）》对其定义为

"课程内容是指一些学科中特定的事实、观点、法则和问题等等"[1];施良方认为"课程内容是指各门学科中特定的事实、观点、原理和问题,以及处理它们的方式"[2]。廖哲勋、田慧生给出的定义是"课程内容是根据课程目标从人类的经验体系中选择出来,并按照一定的逻辑序列组织编排而成的知识和经验体系"[3] 等。这些定义从不同角度对课程内容进行了说明,但仅从这些定义仍然难以对课程内容有一个全面、深入的认识,为了更好地理解课程内容,也为了更好地和教材内容、教学内容等相关概念进行区分,下面从课程内容研制缘由、课程内容编制主体、课程内容具体体现、课程内容获取途径几个方面进行分析。

1. 课程内容研制缘由

开设课程是为了达成一定的教育目标,课程一定包含自身的目标,即课程目标。课程目标的实现是需要依赖知识作为载体,这个载体就是课程内容。那么选择哪些知识作为课程内容才能实现课程目标呢?要回答这个问题并非易事,早在19世纪英国著名社会学家斯宾塞就提出"什么知识最有价值"的命题。在"科学发展按指数增长规律进行"的今天,知识更替、知识积累的速度更是惊人,呈"知识爆炸"形态。相对于知识的无限,人类的学习时间与精力是有限的,学校教育更是仅占一生学习的一部分,学校教育无法在有限的时间内将无限的知识传授给学生。因此,课程设置要从人类文化中提炼最精华、最具代表性的知识,这一部分知识就是课程内容。对于体育与健康课程而言,体育与健康相关知识同样符合指数增长规律。千百年来,世界各地人们为了追求健康、长寿,为了休闲、娱乐创造了丰富的身体运动文化,这些运动文化改变了人

---

[1] 江山野:《简明国际教育百科全书(课程)》,教育科学出版社1991年版,第110页。
[2] 施良方:《课程理论:课程的基础、原理与问题》,教育科学出版社1996年版,第106页。
[3] 廖哲勋、田慧生:《课程新论》,教育科学出版社2003年版,第183页。

类的生活，提高了生活质量，在人类社会中扮演重要的角色。将浩如烟海的身体文化知识在有限的体育教学中全部传授给学生同样是件不现实的工作，那么必须精选、加工出最能实现体育课程目标的知识就是体育课程内容。

2. 课程内容编制主体

课程内容直接影响着课程目标的实现，直接影响着教育的质量，这样一项肩负学校教育与人才培养的工程显然不是某个人或几个人思考的结果，它是由国家教育主管部门组织相关专家经过广泛征求各方意见后研究的结果，最终体现在教学大纲或课程标准中。由于课程内容是教育专家和学科专家对该学科知识现状及未来发展趋势整体把握基础上制定的，因此在一定阶段中具有相对的稳定性。另外，课程内容是达成课程目标的载体，是课程实施与评估的依据，并最终出现在教学大纲或课程标准等教育法规文件中，因此具有一定的法定约束力。

3. 课程内容具体体现

由于课程内容是从人类文化中精选与加工的，最具代表性的"事实、概念、原理、技能、策略、方法、态度及价值观等"。因此，课程内容是宏观的不是具体的，是普遍的不是个别的，落实到具体学科又有不同体现。对体育与健康课程来说，《标准》专设第三部分"课程内容"给出了六个水平在运动参与、运动技能、身体健康、心理健康与社会适应等领域的内容标准：运动参与领域内容包括参与体育学习和锻炼、体验运动乐趣与成功（水平三以上）。运动技能领域内容包括学习体育运动知识、掌握运动技能和方法、增强安全意识和防范能力。身体健康领域内容包括掌握基本保健知识和方法、初步了解疾病预防知识、塑造良好体形和身体姿态、全面发展体能与健身能力。心理健康与社会适应领域内容包括培养坚强的意志品质、学会调控情绪的方法、形成合作意识与能力、具有良好的体育道德。

4. 学习课程内容的途径

学生获得课程内容的途径有哪些呢？我们先来看看什么是课程。虽然对课程的定义有多种理解，但对课程的组成还是取得一致意见，课程依据分类的标准可以分为学科课程与活动课程、必修课程与选修课程、核心课程与外围课程、普通课程与专业课程等[①]。那么相应的课程内容是从这些不同类课程中所包含的"事实、概念、原理、技能、策略、方法、态度及价值观等"，也就是说学生获得课程内容的途径是这些不同类课程。这些课程内容不是一朝一夕可以习得的，而是受不同类课程熏陶，长期感受与学习，日积月累获得的。

综上所述，体育课程内容是学科专家依据体育课程目标，从人类身体运动文化中精选、提炼的，并按照一定逻辑组织编排的体育与健康知识体系。体育课程内容来源是精选自人类身体运动文化，其目的是达成体育课程目标，其设计者是以教育行政管理部门组织的体育学科专家为主，其特性具有稳定性、统一性和法定性，学生获得途径包括学科课程与活动课程、隐性课程与显性课程、必修课程与选修课程等。

(二) 体育教材内容

语文学科中有"鲁迅文章应不应该退出教科书"的争论，体育学科中有"应不应该教滑步推铅球"的争鸣，可以说教材内容是学校教育各学科研究的重点与难点之一，也是本研究的核心概念之一。要对上述问题有清晰的认识，首先要对"教材内容"有一个全面、客观的认识，下面从教材内容选择缘由、教材内容选择主体、体育教材内容概念及所指几个方面进行分析。

---

① 黄甫全：《阶梯型课程引论》，贵州人民出版社1996年版，第194—199页。

1. 教材内容选择缘由

课程内容是从丰富的人类社会生产与生活中高度提炼的事实、原理、态度、规则等，但课程内容并不能直接作用于学生，这是因为：第一，课程内容是各科专家对现代科学发展的高度总结，具有很强的抽象性，教师无法将这些"现成"的知识"生硬"地传递给学生，否则就是灌输式、填鸭式教育。例如，如果数学教师将现成的公式、定理等直接告诉学生或者学生仅仅识记公式、定理等都是没有意义的，因为学生最终不能理解更无法应用这些公式、定理，不能"致用的学"是毫无意义的。同理，对于强调实践能力的体育学科更是如此，如果体育教师仅仅告诉和要求学生积极参与体育锻炼、掌握运动技能、养成体育锻炼的生活方式，那么体育教学无疑是空洞的。第二，有关专家精选、加工的事实、原理、技能、方法尤其是态度与价值观并非可以在短时间内习得，而是要通过不断体验与感悟才能理解、掌握并达到应用目标。第三，课程内容的来源是生活，学生学习课程内容最终目的也是在生活中运用，因此课程内容的学习一定要通过生活实践中的事例，只有这样才能对课程内容学深、学透、才能将学会的知识更好地服务于生活与工作。

基于上述分析，学生学习课程内容是需要中间媒介，这个媒介就是"教材内容"。学生在"教—学"活动中通过直接感受教材内容而潜移默化地获得课程内容，有了教材内容这个媒介，学习就现实而生动；有了教材内容，学生对课程内容感受更深更透，更容易将学习的知识、技能与方法应用于实际生活、工作中，实现教育目标。

2. 教材内容选择主体

回答了教材内容选择的缘由之后，再来分析选编教材内容的主体和途径。教材内容是来自素材，各学科均有自己丰富的素材库。语文、英语等学科素材可以是诗歌、散文、小说、戏曲或其他，途径可以来自报纸杂志、各类文学作品等。数理化等学科素材可以来自日常生活中的自然现象等。在体育学科中，作为后备军的素材主要包括现代竞技运动、民族民间传统体育、新兴运动项目等各种身体活动。这些素材数量极大、内容多姿多彩，为体育教材内容选择提供了丰富的源泉。体育素材虽然潜在的具有健身、休闲、教育等功能，但几乎没有体育素材天生就是为体育教学服务的，因此体育素材要进入课堂必须经过教材化，使之转化为适合学生身心发展的教材内容。这一过程包含两个层次转化：第一层次转正是国家或地方教育行政部门组织专家依据教材内容选择的标准与程序，从浩瀚的体育素材中选择并对其相应加工，最后写入教学大纲、教科书及教学参考书。这里的教育行政部门包括教育部和各省市等地方，因此相应的教学大纲、教科书也包括国家级和地方级两种。国家十分鼓励地方教育主管部门组织专家编写具有地方特色的教科书。早在20世纪80年代，许多学科都出现了国家级教科书与不同版本的地方教科书，可以看出无论是国家层面还是地方层面，第一次教材化的主体是有关课程和学科专家。第二层次转化是各个学校的体育教师依据学生基础、学校条件等情况对教学大纲和教科书中规定的教材内容进行加工、改造，使之符合具体教育情景。这就实现了第二层次的教材化。素材只有经过了两次教材化才能进入课堂，成为"教—学"关系中的媒介材料，即教材内容。从中可以看出第二次教材化的主体是一线教师。这里需要说明的是，也存在由素材经过一次教材化而进入课堂的现象，那就是教师在对课程资源与学生需求进行评估之后进行的校本课程开发。校本课程开发则是教师、教研员、相关专家组成共同体，直接对素材进行加工、改造而成为教材内容。由于校本课程开发是"以校为本"，突出学校特色，不同学校差别很大，因此校本课程开发的校本教材内容不属于本研究的范围。

与其他学科相比，教材化过程中体育学科有自己特别之处。对于语文、数学等文化课来说，教师依照教科书编写章节顺序安排教学进度、课时，可以说教师离不开教科书，因此教材内容排列顺序往往是教材编辑者已经安排好了。而体育学科则不同，几乎没有体育教师按照教科书顺序进行教材内容排列，因为多数教科书是以运动项目为主题呈现的，先上哪个项目后上哪个项目，一个项目内先上哪些内容后上哪些内容都没有给予说明。因此，实践中体育教师往往直接面对的是教学大纲或课程标准，教材化的主体是一线教师，对体育教材内容选择和排列的也是一线教师。

3. 体育教材内容概念及所指

（1）体育教材内容内涵解析

在分析为什么选择教材内容之后，继续分析教材内容是什么。教材内容是由"教材"与"内容"两个词组成，"内容"含义比较明确，主要是指构成事物的内在诸要素的总和①。那么弄清楚教材的含义就成为解读教材内容的关键。学界对教材从不同角度进行了定义，学者曾天山在分析了以往16种教材的定义基础上，认为："教材是教学过程中教师用来协助学生学习达到教学目标的各种知识信息材料。"并对教材的基本要素和必要条件进行了说明："一是信息（用以表达规范化和符号化的语言和思想），二是信息赖以存在和显现的物质载体（语言）。"②从中可以看出教材包括以下三层含义：第一，教材是为了达成特定的教学目标服务的，这也是和素材的最大区别所在。第二，教材是为了传递一定的知识，因此一定含有特定信息。第三，这些信息可以呈现或记录在甲骨、木竹、石、皮、帛、纸、胶片、磁带、录像、磁盘等各种物质上，教学中最常用的是教科书，因此常常将狭义教材等同于教科书，而广义的

---

① 夏征农：《辞海》，上海辞书出版社2002年版，第2633页。
② 曾天山：《教材论》，江西教育出版社1997年版，第8页。

教材还包括讲义、练习册、录像、光盘等。

教材内容就是教材中所包容的信息或组成教材诸要素总和。教材是一个指称，它是由一个个具体的、鲜活的材料的共同代名词，那么这一个个呈现在教科书中的具体的材料可被视为教材内容，也就是说教材内容是教材的承载物，即呈现在教科书、练习册、光盘等具体的信息。例如语文教科书中一篇篇选文、数学教科书中一道道例题、体育教科书中一项项运动技术就是教材内容。

综上所述，体育教材内容是学科专家和教师为实现课程内容而选择、加工的各种体育与健康知识、身体练习等信息的总称。本书的研究对象既不是《标准》中规定的课程内容，也不是下面即将提到的教学内容，而是教科书中讲到的体育与健康知识、身体练习、锻炼方法等。

（2）本书体育教材内容范围界定

《标准》对体育与健康课程性质定义时强调"以身体练习为主要手段""以学习体育与健康知识、技能和方法为主要内容"，相应的体育教材内容必然包括身体运动等实践类教材内容和体育与健康知识理论类教材内容。本书基于以下两方面考虑将体育教材内容限定在身体运动为主的实践类教材内容，没有将以传授知识为主的理论类教材内容作为研究对象。

第一，实践类教材内容能够反映体育与健康课程的性质。《标准》在描述课程性质时强调了以身体练习为主要手段，将实践性、健身性作为体育与健康课程特性。体育与健康课程的学习包括体能、运动技能及参与运动的行为，因此学生在体育与健康课程的学习过程中，没有身体力行，就不可能增强体能和掌握运动技能，强身健体便无从谈起。当然，在这个学习过程中，也有知识的学习、心理健康的教育和道德品质的培养等，但这主要是贯穿于身体练习过程中，并通过身体练习来达成。[①]《标准》解读与相关专家反复强调："身体健康、心理健康与社会适应目标主要是通过运动参与和运动技能的学习而实现的，而不是主要通过'知识教育'方式来完成的。"也反复强调体育与健康课程不是体育课程加健康课程，而是在体育课程中融合健康的内容。因此，从宏观上来讲，以实践性教材内容作为研究范围能够体现出体育与健康课程性质，更有利于《标准》精神的落实。

第二，理论类教材内容比例小且与其他文化课排列相似。《标准》提出的身体健康（主要指掌握基本保健知识和方法目标）、心理健康与社会适应目标虽然可以通过知识教育的方式来完成，而且《普通高中体育与健康课程标准（实验稿）》中专门规定了1学分（18课时）的理论课讲授健康知识，但是相对于整个体育与健康课程而言，这部分内容仅占很小一部分比例。这一部分比例较小的教材内容尚未成体系，究竟上哪些内容，怎么上仍在探索之中，它不像实践类教材内容经过100多年探索其框架基本成型。另外，纯粹理论性内容和普通文化课内容相似，其排列原理与技术也可以参照其他学科。

综上所述，体育教材内容是达成体育课程内容的载体与媒介，相对于体育课程内容，体育教材内容具有一定的易变性，随着社会发展，一些远离生活、学生不喜欢的教材内容逐渐被舍弃，同时不断有新兴运动项目经教材化后进入课堂，实现着体育教材内容的"新陈代谢"。体育教材内容来自丰富的体育素材，体育素材需要经过两次教材化才能进入课堂成为体育教材内容，第一次教材化的主体是有关体育课程与教学专家，第二次教材化的主体是一线体育教师。

[①] 杨文轩、季浏：《义务教育体育与健康课程标准（2011年版）解读》，高等教育出版社2012年版，第6页。

(三) 体育教学内容

教学内容是与课程内容、教材内容密切相关但又有自己内涵的概念，三个相似而又不同的概念混淆在一起，势必会对理论研究与实践工作造成混乱。

1. 教学内容生成缘由

课程内容的实现必须依托于教材内容，即课程内容要教材化，但仅有课程内容教材化是不够的，因为教材内容如果不经过"教—学"活动只能静态地停留在教科书等物质载体中，无法直接转换成学生的知识和技能。因此，教材内容只有在课堂中经过师生的双边活动才能促进学生的成长，才能实现自身的价值。

教材内容进入不同教师的课堂经过"教学化"其形态就不再是静态的、单一的，而是动态的、多样的，就会变得灵活丰富、生动真实。这是因为：第一，教材内容本身具有一项多能的性质。教材内容来自素材，语文中选文多是来自名家名著，也有来自报纸杂志等，体育中的运动项目或是起源于游戏或是为了休闲、娱乐、健身等，每一素材本身包含多层价值，经过加工、整理成教材内容其原始的价值并未消失，因此教材内容具有潜在多种教育价值。例如语文学科中的一篇小说，既可以用来识字或作为案例介绍小说的写法，还可以用小说中的人物或事件进行优秀品质培养或作为丰富课余生活的课外读物……体育学科中教材内容同样具有一项多能的特征，跑步既可以作为健身的手段达成运动参与和身体健康领域目标，也可以作为培养学生意志品质的方法达成心理健康与社会适应领域目标……第二，不同教师具有不同教学风格。每个教师都是独特的个体，具有各自教学经验，对同一教材内容有着不同的理解，结合教材内容一项多能的特征，不同教师虽然使用相同的教材内容，但是教师教授的、学生领悟到的一定会出现差别，这样同一教材内容在不同教师、不同课堂中就经历了"教学化"的过程，即教学内容的生成。简而言之，由于教材内容一项多能的特性和体育教师教学风格的迥异，造成了同一教材内容可以出现多种教学内容的现象。教学内容是教材内容进入课堂后，在师生双方教学活动中产生的，是教材内容教学化的结果。

2. 教学内容生成的主体

教材内容虽有一项多能的特征，但教材内容不必时时处处"物尽所用"，实现其所有的价值。这不仅是不可能的，也是没有必要的，那么教材内容的选择和使用权利就交给了教师。教师根据教材内容本身所蕴含的价值和千差万别的学生对教学内容进行预设，并在复杂多变的具体教学情境中实现教学内容的生成。从另一个角度来说，教学内容是教学过程中产生的，而教学是师生的双边活动，其主体是教师和学生，因此教师和学生是教学内容的主体，从教的角度来看教师是教学内容的主体。这样就给教师在教育教学过程发挥自己聪明智慧提供了空间，容易形成个性、特色的教学风格，也使教师专业化水平提高。

3. 教学内容具体内涵

教学内容顾名思义是教学过程中产生的内容，包括两部分内容：第一，是预设的。教师在备课的时候，考虑教材内容特征、学生基础、自己特长来预设的内容，即计划准备在教学中教给学生的那些内容。第二，是生成的。虽然教师备课是对教学内容进行了周密的计划，但是具体的教学情境是千变万化的，学生的身体条件和心理状态也是千差万别的，尤其是对于体育教学来说，受天气、场地等外在条件影响巨大。加之，课堂中师生交流、生生交往频繁，因此虽然不同教师用的是同样教材内容，但是最终教师教给学生，学生真正学习的内容会有所差别，有时候这种差别还很大。因此，有学者指出"教材内容如何转化为教学内容和转化为什么样的教学内容取决于具体的课程和教学目标以及具体教学情境。它内在地蕴含着教师对教材内容个性化的演绎和创造"[①]。

综上所述,体育教学内容是体育教师依据具体教学情境,创造性地将体育教材内容在体育教学中应用的结果。它包括体育教材内容的沿用和创生两部分。体育教学内容是体育教材内容经过教学化后生成的,反过来不经过教学化的体育教材内容也是一纸空文。教师和学生是体育教学内容设计与创生的主体。理解了教学内容含义,有助于进一步认识"教教材"和"用教材教"的区别,有助于多样化、特色化的教学风格形成,有助于体育教学质量的提高。

(四)课程内容、教材内容、教学内容的区别与联系

1. 三者之间区别

从上述分别对课程内容、教材内容和教学内容的分析中可以看出,三者区别是比较明显的。首先,三者是不同层面的概念。课程内容、教材内容、教学内容分别是课程研究与制定、教材研究与编写、教学研究与实践中使用的概念,是不同领域、范畴的概念。其次,主体不同。课程内容研制主体是教育行政部门组织有关专家,具有一定的统一性、法定性;教材内容需要经过两次开发,其开发主体是各级教育行政部门组织有关专家和一线教师,统一性范围较课程内容小,具有一定的灵活性;教学内容生成主体是教师和学生,从教的角度来说主要是教师,具有很大的灵活性。最后,目的不同。课程内容是有关专家从浩瀚的文化中提炼出为实现课程目标服务的。教材内容是有关专家、一线教师对素材进行教材化后获得的,目的是表达与实现课程内容。教学内容是教师和学生对教材内容教学化的结果,目的是将教材内容转化为学生的知识、技能与方法。

[①] 俞红珍:《课程内容,教材内容,教学内容的术语之辨——以英语学科为例》,《课程·教材·教法》2005年第8期。

2. 三者之间联系

教材内容是课程内容的分解与呈现，教材内容受制于课程内容，必须反映课程内容，没有课程内容，教材内容也就失去了依据。反过来，教材内容是课程内容的载体，没有教材内容，课程内容就无法实现。

教学内容是教材内容的利用与开发，是教材内容教学化的结果。教学内容必须是基于教材内容本意的演绎，离开了教材内容或者脱离教材内容本意的教学内容将无法达成教学目标。而教材内容如果不进入课堂教学化为教学内容也就失去了存在的意义。从范畴来说教学内容包括教材内容，就像钟启泉教授指出："教材是教学内容的重要成分，但它不过是一种成分，教学内容不仅包括教材内容，而且还包括了引导作用、动机作用、方法论指导、价值判断、规范概念等。"①

课程内容与教学内容也是相辅相成的，课程内容为教学内容的制定与生成提供了目标，而学生通过一节一节课的教学内容的日积月累实现预期课程内容，最终实现课程目标。

课程目标必须通过学生习得课程内容而实现，学生掌握课程内容又须通过学习教材内容这一载体，教材内容必须进入课堂经过教学化后通过生成的教学内容实现其价值。可以说，课程内容、教材内容、教学内容是教育链条中不可或缺的环节，各部分密切联系、相互影响，共同服务于课程目标，详见图 2-1。

（五）小结

只有从学理上辨明课程内容、教材内容、教学内容之间的区别与联系，才可以帮我们认清研究对象，找准研究的问题属于哪个层面和范畴，明白现实中困惑和症结所在，才能对症下药、有的放矢

---

① 钟启泉：《现代学科教育学论析》，陕西人民教育出版社 1993 年版，第 203—208 页。

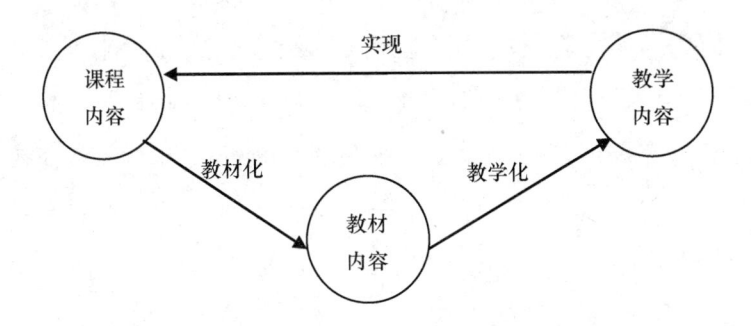

图 2-1　课程内容、教材内容、教学内容三者关系

选择解决办法与途径。但是它们之间也存在内在联系与制约关系，对于任何层面的研究都要联系其他层面，不能孤立进行。

二　体育教材内容排列内涵分析

（一）排列含义

辞海对排列解释为"①照次序安排。如排列座次。②数学名词"[1]。百度百科对其进行如下解释："①置于正确、方便或适宜的次序，按字母顺序排列，按时间先后排列。②安排或布置（如绘画中的组成部分或细节）把布匹排列得优美雅致。"[2] 从上述定义可以看出，排列关键在于序。"序"在生活、工作中无处不在，开会、就餐的座位是依照一定的"次序"、奥运会开幕式各国入场需要按一定的"顺序"，学校教育也强调循"序"渐进，可以说失去了"序"生活工作将陷入混乱之中。排列就是要遵循正确、适宜的序，有了排列才有秩序，有了排列才有规范。总之，排列使生活井然有序，工作有条不紊，社会和谐、有序地发展。

（二）体育教材内容排列内涵

从对现有文献研读中尚未发现有关教材内容排列或体育教材内

---

[1]　夏征农：《辞海》，上海辞书出版社 2002 年版，第 2711 页。
[2]　http://baike.baidu.com/subview/902560/5376104.htm? fr = aladdin.

容排列的定义。体育教材内容排列是由体育教材内容、排列两个词语组合而成，体育教材内容概念上文已经进行分析，排列强调的是"序"，而"序"是依据一定的标准，在上文分析基础上本研究将体育教材内容排列定义为"为实现最优化教学效果，将体育教材内容依据一定的标准依次呈现在学段、学年、学期、单元和课时中的一种教学设计。"该定义包含以下三层含义：第一，体育教材内容排列属于体育教学设计的一种。体育教学设计是根据教学目的和教学条件，对某个过程（如学段、学年、学期、单元和课时）的教学所进行的各方面的最优化研究工作和计划工作[①]。第二，体育教材内容排列目标是实现最优化的教学效果。体育教材内容呈现的先后次序对教学效果产生很大影响，通过科学、适宜的体育教材内容排列次序，有助于实现最优化的教学效果。第三，体育教材内容排列就是将不同教材内容依据一定的"序"依次呈现。

第二节　体育教材内容排列必要条件

一　排列的条件

事物必须或有必要进行排列的条件有：第一，事物或事件中包含有两个或两个以上要素，如果单一要素就无所谓排列。第二，要素的顺序将会对事物或事件的发展产生不同的效果。仅有两个以上要素并不一定需要排列，还要看顺序的变化是否产生不同的效果。如果顺序变化对事物的发展不产生影响，就可以随机排列，也无须对其研究。反之，如果顺序的变化对事物的发展产生一定影响，就应对其认真研究，找出适宜的排列次序，实现最优化的效果。例如在家吃饭时一般先让小孩、老人吃，因为他们是弱势群体，如果其

[①] 毛振明：《体育教学论》，高等教育出版社2005年版，第231页。

他成年人先吃，可能留给弱势群体的只是"残羹冷炙"，同时也不符合中华民族"尊老爱幼"的传统美德。如果顺序变化不会影响结果则不需要排序，例如足球、羽毛球、乒乓球等比赛是通过投掷硬币等方式随机选择发球的顺序，因为比赛结果不受发球顺序的影响。总之，如果事物"包含两个或两个以上要素、不同要素呈现次序对事物发展产生一定影响"，那么从促进事物发展的角度出发，必须对事物组成要素进行正确、适宜的排列。否则，诸要素随机排列将会对该事物发展产生负面影响。

二 体育教材内容符合排列条件

首先，能进入体育课堂的教材内容成千上万，这些教材内容来源于生产、劳动、军事、舞蹈、竞技体育等素材，每一大项素材又可进一步细分为多个项目，每一个运动项目中又有多种技、战术组成。经过选择、加工后进入课堂中的体育教材内容千千万，符合排列的必要条件，即要素多于两个。其次，体育教材内容排列具有相当的复杂性，从小学到高中十二年期间学生的身心发展经历了人生中最为重要的变化，身心发展特征明显，可塑性强，而体育教材内容与学生身心发展密切相关，科学、合理地对体育教材内容排列有助于学生身心发展，否则将会对学生身心发展不起作用甚至产生负面影响。最后，体育教材内容自身具有一定的逻辑性，依据此逻辑性排列教材内容有助于学生运动技能的掌握，否则随机的、主观的排列教材内容将会降低体育教学的有效性。总之，实际教学中体育教材内容的呈现顺序对学生身心健康的改善、运动技能的掌握产生重要影响，因此应认真对待、仔细研究不同体育教材内容的排列次序。

第三节 体育教材内容排列的依据分析

一 排列的依据

排列是要将不同要素依据一定的顺序或次序排成一列,其关键点是找出其中的"序",而难点在于选择顺序或次序的标准、依据和原理。排列的标准依照具体工作、具体情景也会不同,有的依据时间,例如,历史教科书主要依据历史发展的基本线索,自古至今地编写;有的依据数量,例如,运动员排名以运动成绩为依据,运动员运动成绩依据速度、高度、远度、比分等数量标准;有的依据尊卑,例如,在各种礼仪接待中乘车、就餐、会议等都讲究序,以表示对客人的尊敬。还有排序是几个标准的结合,例如,奥运会开幕式各国运动员入场顺序,从各国平等的角度考虑一般采取依照国家名称的字母顺序或笔画顺序,考虑到希腊是奥运会的发祥地,将其作为第一个入场的国家,考虑到尊重客人的角度,东道主举办国最后一个出场。还有的从实用角度考虑,例如,我们的学位论文,一般按照封皮、摘要、目录、正文、参考文献、致谢的顺序,这样便于读者通过封皮先了解论文的题目、作者、导师、研究方向、时间、单位等基本信息,而后通过摘要、目录对全文有整体、概括的了解,接着通过正文深入了解研究过程与结论,最后呈现参考文献、致谢、附录等内容。如果将此顺序打乱,先有参考文献,再写摘要、致谢、正文,最后写目录,显然论文是一团糟,不便于阅读和把握。

二 体育教材内容排列的依据

研究体育教材内容排列就是要找出排列应遵循的"序",由于体育教材内容数量庞大、种类繁多,时间跨度大(涉及小学到高中十二年），影响因素多，对其排列无疑是一件相当复杂和困难的工作，相应的"序"要远比奥运会入场顺序、商务礼仪中会议和就餐的顺序、学位论文要素呈现的顺序复杂得多。

对于教材内容排列依据，一般课程与教学论几乎都提到要结合知识逻辑顺序与学生心理顺序。那么，具体到体育学科而言，知识逻辑顺序就是体育教材内容本身的逻辑顺序，这是过去我们一直研究较少的，甚至一直将"非逻辑性"作为体育教材内容特性之一。学生心理顺序主要是要考虑到人的因素，具体到体育学科来说，不仅要考虑学生认知发展，还要考虑学生身体发展规律和兴趣发展规律等。除此之外，由于体育教材内容对气候、场地器材、师资、学生发展敏感期、男女性别等具有很高依赖性，因此应综合考虑上述因素基础上确定体育教材内容呈现的"次序"及其原理，这也是本研究的重点。

第四节 体育教材内容排列的意义

一 古今中外将"循序渐进"奉为重要的教育原则

排列的核心就是"序"，古今中外不少经典名著在谈到教育时都将"循序渐进"奉为重要原则。

被誉为世界教育史上第一部教育学专著的《学记》中讲道："不陵节而施之谓孙……杂施而不孙，则坏乱而不修。"意思是：不超越学生的接受能力进行教学叫作"循序渐进"；如果教学杂乱无章而不能做到循序渐进，则教学会陷入混乱而学生学习没有成效。

朱熹对教材呈现次序也有独到见解："读书先读《大学》，以定其规模；次读《论语》，以立其根本；次读《孟子》，以观其发越；次读《中庸》，以求古人之微妙处。"并进一步指出这样排列的依据是其难易程度："《大学》一篇有等级次第，总作一处易晓；

宜先看《论语》却实，但言语散见，初看亦难，《孟子》有感激兴发人之处，《中庸》亦难读，看三书后，方宜读之。"①

捷克大教育家夸美纽斯②非常明确提出了"排列"在教育中的重要性："一切应学的科目都应加以排列，使其适合学生的年龄"，"如果学生没有达成教育目标，并不能证明人类的心智有什么达不到的目的，只是证明阶梯排列得不好"，并强调"只要有了排列得合适、数目充足、坚固安全的阶梯，无论什么人都能够达到他所希冀的高度，这是一件毫无疑问的事实"。

还有不少仁人志士在谈到体育教育时十分强调遵循学生的身体发育规律，例如，康有为在《大同书》中提出婴儿、小学生、中学生、大学生分别应该"嬉戏安息""养体为主""仍需养体""重体操"。③ 这是较早地将学校体育教学看作一个整体，根据少年儿童的身心特点，提出了各年龄段身体发展的要求。

二 学生系统与高效学习的客观要求

体育教材内容排列是教材编写者和教学计划设计者的工作，但最终是为学生学习服务的，科学、合理的体育教材内容排列有助于学生系统、高效地学习。

首先，有助于学生系统地学习。体育学科存在"教师想教什么就教什么，教师能教什么就教什么，教师教学的进度、顺序对教学效果影响不大"等现象，这显然是不正常现象，是学科不成熟表现，也是学科地位不高的一个重要原因。这种主观性、随意性强的教学，学生学到的知识一定是零散的而不是系统的，一定是支离破碎的而不是整体的。通过对体育教材内容排列方式精心设计、策

---

① 顾树森：《中国古代教育家语录类编》，上海教育出版社1983年版，第126页。
② 夸美纽斯：《大教学论》，傅任敢译，人民教育出版社1979年版，第64页。
③ 周登嵩：《学校体育学》，人民体育出版社2004年版，第20页。

划，有助于学生系统、完整地掌握体育与健康课程知识、技能与方法。

其次，有助于学生运动技能的学习与体能改善。从教育心理学来看，行为主义、认知主义、建构主义都强调"教学材料应该是有组织的，并且以小步子呈现"[①]。体育教材内容呈现顺序应该是精心设计的，从知识顺序来看，相邻的教材内容之间理应环环相扣、紧密衔接，每一阶段的学习都为下一阶段学习奠定基础，后一阶段的学习又是前一阶段的提高。从心理顺序来看，体育教材内容呈现应该符合学生身心发展规律。科学、合理的排列有助于学生轻松、快捷、高效地学习运动技能和改善体能。

最后，有助于学生学习在不同阶段之间的衔接。排列体育教材内容时须将自小学到高中十二年看作一个整体进行设计，依据相关理论，使体育教材内容自身逻辑性与学生身心发展规律相结合，一方面避免教材内容由于低级重复而使学生身心得不到足够的刺激；另一方面避免教材内容由于难度过高而造成学生学习困难，最终实现不同学段之间的有机衔接。

总之，科学、合理地对体育教材内容进行排列，是教育原则的客观要求，是学生系统、高效学习的有效途径，是体育教师必须掌握的教学技能，对于提高体育教学质量，改善体育学科地位均有重要的现实意义。

第五节 小结

体育教材内容是体育课程内容的载体，体育教材内容进入课堂通过教学化后生成体育教学内容，学生在一节一节体育课中习得教

---

① 戴尔·H. 申克：《学习理论：教育的视角》，韦小满译，江苏教育出版社 2003 年版，第 24 页。

学内容经过日积月累而逐渐实现体育课程内容。体育课程内容、体育教材内容和体育教学内容既有区别又紧密联系，共同服务于体育与健康课程目标。由于体育教材内容中包含的理论类教材内容比例较小且尚未形成体系，并且和其他知识类学科教材内容排列相似，而实践类教材内容更能反映体育与健康课程性质，故本研究将体育教材内容范围限定在实践类教材内容。

  由于体育教材内容数量庞大，特性各异，有自身内在逻辑性，在体育教学中呈现的顺序对学生学习效果将产生重要影响，因此有必要对不同体育教材内容进行排序。古今中外许多名家、名著中都将"循序渐进"奉为重要教育原则，通过科学、合理地对体育教材内容排列，有助于学生高效、系统学习体育与健康知识。体育教材内容排列的依据较为复杂，除了将一般课程与教学论中提出的学科知识逻辑与学生心理逻辑"学科化"外，更要体现体育学科自身特征，这也是本书研究的重点。

第 三 章

体育教材内容排列现状及排列理论反思

1903年，在清政府实施新政中颁布了《奏定学堂章程》，至此"体育"作为必修课程正式进入学校教育中。但由于此后到新中国成立的近半个世纪中，受战乱纷争、经济落后、政局动荡等大背景影响，体育学科研究与发展的高度和深度受到限制。本章欲通过回顾与总结不同历史时期体育教材内容排列，为后续研究给予启示，故本研究时间节点选自新中国成立以后。从新中国成立至今半个多世纪，可以将21世纪初的新一轮体育课程改革作为体育教材内容排列变化的分水岭。因为新课改前后体育教材内容排列思路发生泾渭分明的变化。新课改之前，大纲规定了体育教材内容的分类、课时、顺序等；而新课改之后，《标准》只对学习结果进行规定，将与体育教材内容设计有关的权利交给了一线教师。下面，就对两个不同时间段体育教材内容排列进行分析，以期为随后研究提供思路。

第一节 新课改前体育教材内容排列反思

一 新课改前体育教材内容排列概况

（一）1950年《小学体育课程暂行标准（草案）》教材内容排列

该《标准（草案）》以"教材纲要"形式，将教材分为整队和步伐、体操、舞蹈、游戏、技巧运动、球类运动、田径赛七大类，从这七大类中选择出具体内容分配到小学不同的年级中。

《标准（草案）》在教材内容选编要点中指出[①]：切合儿童的身心发育程度，并配合时令和环境。注意采取儿童天真生动的活动。内容和形式要多变化，以使儿童感兴趣，并且便于大肌肉活动。游戏活动应力求简单易行，并注意使全体儿童都有活动机会。田径活动和球类运动，技巧和舞蹈，应多注意基本动作和最浅近的活动技术。体操和早操教材的难易，应按儿童的年龄和儿童各部分肌肉的平衡活动而定，并须适合季节性。《标准（草案）》虽没有明确给出教材内容排列的方式，但是给出选编的建议如"身心发育程度""时令与环境""简单易行""最浅近的活动技术""教材的难易"等本身对教材内容排列具有重要指导意义。

在具体排列方面，《标准（草案）》是以年级为单位给出不同类别教材内容，这些教材内容排列主要有两种形式：第一，继续前学年，并增加……增加的内容与前学年的内容有所不同，"继续学前年"的内容是为"增加"的内容奠定基础。这类主要是整队和步伐、体操、游戏、田径等，以游戏类别为例，一年级学习的是简单的竞争游戏、球类游戏（小皮球及布球）等；二年级"增加"的是追逃竞争游戏，投掷、跳绳游戏等。三年级"增加"的是球类游戏（利用小足球、小皮球及排球），踢毽子、跳皮筋、跳房子等民间儿童游戏；四年级"增加"的是球类游戏（利用篮球）等；五年级"增加"的是集体竞争游戏等。这样排列的主要原因是这些身体活动对学生身心发展作用较大，可以有效地锻炼身体或者提高学生学习兴趣。可以说，这些教材内容本身并不是学习目的，而是作为锻炼身体或提高学生体育兴趣的手段。第二，继续前学年，酌

---

① 课程教材研究所：《20世纪中国中小学课程标准·教学大纲汇编（体育卷）》，人民教育出版社2001年版，第35页。

量提高其程度。这类教材主要包括舞蹈、技巧运动和球类运动。这三类运动主要是技术相对复杂，趣味性强，学生喜欢，从排列角度来看属于螺旋排列，最终实现逐年提高的目的。

（二）1956年《小学、初中体育教学大纲（草案）》教材内容排列

该《大纲》将小学教材分为基本体操与游戏两类，并提出："教学大纲中的教材，是根据小学学龄儿童（七岁到十二岁）的年龄特征，由浅到深，按年级逐年重复提供而编排的。"[1]《大纲》将中学教材分为体操、田径和游戏三部分，并提出："大纲内各类教材，是吸取苏联先进经验结合我国具体情况、根据初、高中学生入学的标准年龄特征，并在小学体育教学大纲的基础上按照教材的系统性循序渐进编订的。"[2] 中学各类教材是按各年级逐渐加深的方式反复排列。以田径中跳跃部分的跳高为例[3]。

初中一年级：直跑"蹲踞式"跳高；跨越式急行跳高。急行跳高教学标准：男生：1米5厘米—1米—90厘米；女生：95厘米—90厘米—80厘米。

初中二年级：直跑"蹲踞式"跳高；"蹲踞式"与跨越式急行跳高。急行跳高教学标准：男生：1米10厘米—1米5厘米—95厘米；女生：1米—95厘米—85厘米。

初中三年级：跨越式和滚式急行跳高。教学标准：男生：1米15厘米—1米10厘米—1米；女生：1米2厘米—98厘米—90厘米。

高中一年级（以男生为例）：俯卧式和滚式急行跳高；蹲踞式和挺身式急行跳高。教学标准：1米20厘米—1米15厘米—1米5厘米。

---

[1] 课程教材研究所：《20世纪中国中小学课程标准·教学大纲汇编（体育卷）》，人民教育出版社2001年版，第37页。

[2] 同上书，第460页。

[3] 同上书，第463—497页。

高中二年级（以男生为例）：俯卧式或滚式急行跳高。剪式急行跳高。教学标准：1 米 25 厘米—1 米 20 厘米——1 米 10 厘米。

高中三年级（以男生为例）：俯卧式或滚式或剪式急行跳高。教学标准：1 米 30 厘米—1 米 25 厘米——1 米 15 厘米。

以上排列可以看出，随着年级提高，教材内容在不断重复，没有实质变化，但教学要求即教学标准逐年提高。也就是说，学习哪项动作技术、该项技术掌握的标准化程度不是关键，关键点在于对运动成绩要求的不断提高。以高中为例，高中三个年级安排俯卧式或滚式或剪式急行跳高，这里"或"字表示采用哪种技术都可以，但逻辑性或者由易到难体现在随着年龄增长教学标准逐渐提高。究其原因，一方面是学习苏联体育教学大纲和教材的反映；另一方面是体育学科特点决定的"由于体育学科的特点，几乎所有项目的身体练习年年重复，这是因为各年级都要进行全面身体锻炼，知识在动作质量、技术的难度、定量的要求等方面互相衔接，逐年提高"①。

（三）1961 年《中小学体育教材》教材内容排列

1961 年颁布的《中小学体育教材》，将教材分为基本教材与选用教材。前者是一般学校都应使用和都能使用的（或教师经过一定的学习就能使用的），这类教材包括体操、田径、武术、游戏（含球类）等。后者包括内容较广，程度也较深，各校可以根据具体条件灵活地选用其中某些教材。对教材排列提出要求包括："基本上是按照年级排列的。除有些教材难易差别不显著的外，都是按先易后难的顺序排列的。尽量避免不必要的重复，对于必须反复用来锻炼身体的教材，仍应保持一定的重复。"② 教材内容排列具体分为两

---

① 课程教材研究所：《20 世纪中国中小学课程标准·教学大纲汇编（体育卷）》，人民教育出版社 2001 年版，第 48 页。

② 同上书，第 75—77 页。

种：第一，部分教材由于几个年级都适用，是按年级阶段排列的，如一般发展动作的教材，就是由几个年级共同使用一组教材，即小学1—2年级教材相同，3—4年级教材相同，5—6年级教材相同，初中三个年级使用相同教材，高中三个年级使用相同教材。第二，基本上是按照年级从易到难的顺序排列的。以篮球战术为例：初中一年级：选择适当的接球、运球和防守位置。初中二年级：二攻一和一防二。初中三年级：三人直线传球；后场人盯人。高中一年级：三人围绕传球；三攻二和二防三。高中二年级：快攻；全场人盯人。高中三年级：重点复习提高学习过的教材。从中可以看出随着年级的上升教材内容的复杂度、难度也随之提高。

（四）1978年《全日制十年制学校中小学体育教学大纲》教材内容排列

该《大纲》将体育教材仍然分为基本教材与选用教材。前者简单易学，需用器材不多，能够全面地锻炼学生的身体，是一般学校都能完成的。后者是在完成基本教材的前提下，根据各地具体情况，因地制宜灵活选用。该《大纲》提出："在安排体育教材时，要打破以运动竞赛为中心的编排体系，各项体育教材，都以有效地增强学生的体质为准则。体育教材要符合少年儿童的认识规律和生长发育规律，由易到难，循序渐进。"[①] 可以看出，这一时期人们对体育教材内容排列认识较前一时期有了进步，提出要符合少年儿童的认识规律和生长发育规律，但受当时研究水平制约，对于少年儿童认识与生长规律研究不够，美好的设想在大纲中并未充分体现出来。以篮球为例。

中学一年级篮球只讲基本技术，具体包括基本站立姿势和持球方法；移动；原地双手胸前传球、接球；原地双手胸前投球；原地

[①] 课程教材研究所：《20世纪中国中小学课程标准·教学大纲汇编（体育卷）》，人民教育出版社2001年版，第92页。

和行进间运球等。

中学二年级篮球只讲基本技术，具体包括移动；原地双手头上传球、接球；原地双手头上投篮；变方向运球。

中学三年级篮球只讲基本技术，具体包括传、接球：原地双手低手传球、接球；原地反弹传球、接球；原地单手肩上投篮；运球急停急起。

中学四年级篮球不仅包括基本技术还有简单战术，基本技术包括：传接球：行进间双手胸前传接球；原地单手肩上传接球；行进间单手高手投篮；抢球和打球。简单战术包括：二攻一和一防二；半场人盯人防守。

中学五年级篮球不仅包括基本技术还有简单战术，基本技术包括：传接球：行进间反弹传球、接球；跳起空中传接球；行进间双手低手投篮；抢篮板球。简单战术包括：三攻二和二防三；全场人盯人防守。

从中可以看出，该大纲在宏观上和总体排列趋势上十分注重随着年龄增长教材内容难度随之增加。但教材内容本身逻辑性、不同教材内容自身特性、教材内容难度与学生身心发展吻合度等深一步问题尚未考虑到。

（五）1987年《全日制中小学体育教学大纲》教材内容排列

该大纲将整个教材内容分为基本教材（田径、基本体操、技巧与器械体操、球类、武术、舞蹈与韵律体操等）和选用教材。1987年大纲对教材内容排列的贡献在于首次提出了教材内容的层次、系统，考虑纵向和横向两个维度，这里的纵向是指不同年级之间的连贯性，横向指的不是不同教材内容之间的联系，而是指教材内容与学生身心发展规律的结合。大纲要求："体育教学内容的层次、系统，应与学生各年级年龄阶段的生理和心理发展的规律、身体素质、运动能力发展的现状和要求相适应。确定体育教学内容不仅在技术体系上注意纵的连贯性，还应考虑横的联系，根据学生身心的发展，逐年提高运动技能和定量的要求。"[1] 王占春[2]对该大纲教材排列进行了说明：教材排列的特点基本上采用螺旋式，不仅田径、球类教材如此，体操教材也是如此。为了精简教材，重点突出，将大体相同性质的教材，如跳高、跳远采取间隔排列的方法。即使是间隔排列，如果学校认为需要也可以利用选用教材的时数，两种跳跃教材都排在教学进度中。

将1987年大纲对篮球教材内容排列方式与1978年大纲对比发现两者完全相同，但此时期教材在介绍"原地双手胸前投篮"时提出"要把投篮和其他教材结合起来进行，提高学生的兴趣"[3]。从今天眼光来看，此时篮球教材内容编写开始注重将不同基本技术结合起来进行学习，即从"整体"入手的思想。

（六）1992年《九年义务教育全日制小学初级中学体育教学大纲》教材内容排列

该大纲提出："教学内容的出现时间、排列顺序，应循序渐进，逐步提高，符合不同年龄阶段学生的生理特征。教学内容的难易度，应符合学生的认知规律，有利于发展学生的智能和提高学校的主动性、积极性。"[4] 该大纲为了解决授课时数少，教材内容多的矛盾，在教材内容排列方面采取了以下措施[5]：对部分教材内容间隔排列；体操教材内容分组配伍，几种教材内容搭配一组，不一定年

---

[1] 课程教材研究所：《20世纪中国中小学课程标准·教学大纲汇编（体育卷）》，人民教育出版社2001年版，第592页。

[2] 王占春：《新中国中小学体育教材的建设与发展》，《课程·教材·教法》1990年第11期。

[3] 课程教材研究所：《新中国中小学教材建设史1949—2000研究丛书（体育卷）》，人民教育出版社2010年版，第149页。

[4] 课程教材研究所：《20世纪中国中小学课程标准·教学大纲汇编（体育卷）》，人民教育出版社2001年版，第689页。

[5] 王占春：《建立体育教材的新体系——义务教育中小学体育教材介绍》，《人民教育》1993年第8期。

年出现；技术比较简单的动作，以提高身体素质为目的，避免过多强调运动技术细节。另外，该大纲一大亮点是教材内容分类方面采取理论与实践、提高身体素质的练习和运动项目交叉综合分类的方法。

（七）1996年全日制普通高级中学体育教学大纲

该大纲突破在于将教学内容分为必选内容（田径、体操、民族传统体育和提高身体素质练习）、限选内容（韵律体操和舞蹈、足球、篮球、排球和游泳）和任选内容（实践教学内容的拓宽和加深的内容）三部分。并且为了适应基础不同学生的实际，各项限选内容划分为初、中、高三个层次[1]。

（八）2000年《九年义务教育全日制小学、初级中学体育与健康教学大纲》教材内容排列

该大纲将教学内容分为：必修、限选和任选。必修有田径、体操和武术；限选的有球类、韵律体操和舞蹈、游泳；任选的有民族民间传统体育项目、新兴体育项目、必修内容的提高与拓宽。并提出："循序渐进地增加生理负荷和教学内容的难度。根据教材内容的层次、系统和学生年龄的增长，有针对性的扬长补短，逐年提高要求，促进学生身心和谐发展。对于必修的重点教学内容，要年年出现，逐年提高要求。为了在有限的授课时数内有重点地学习，有的教学内容采用间隔排列或年级脱钩按层次排列的方法，由教师决定从哪一层次学起。"[2]

二 新课改前体育教材内容排列评析

（一）新课改前体育教材内容排列启示

第一，大纲对教材内容排列体现出层级递进或螺旋式上升的排

---

[1] 课程教材研究所：《20世纪中国中小学课程标准·教学大纲汇编（体育卷）》，人民教育出版社2001年版，第742页。

[2] 同上书，第792页。

列思维。就体能项目而言，虽然是同样的教材内容，但随着年龄的增长，教学标准、要求也逐渐提高，体现出明显的螺旋式上升。就运动项目而言，随着年级的上升教材内容难度逐渐提高，体现出明显的层级递进。从理论上讲，大纲可以避免低水平重复现象的。新中国体育课程教材研究的开拓者与历史见证人王占春先生说道："有的人并没有认真地研究体育教材，就武断地说：现在的体育教材，从小学一年级到大学年年重复前滚翻。其实全国根本就不存在这样的教材。"[①] "只要认真把体育教学大纲看一遍就可以清楚，从来没有每年重复过。"[②] 至于现实中出现的低水平重复现象的原因正是由于教材内容数量多、难度大，造成了一个阶段学生没有掌握好基本技能，到下个阶段换了新学校新教师重新学习过去的内容，又是"蜻蜓点水"，这样反复下去就形成了"低水平重复"现象。通过上述分析可知，从理论上讲，现实中存在的低水平重复现象和大纲排列顺序并无直接关系。

　　第二，体育教学大纲主体采用了刚性管理模式，规定了全国中小学体育教材内容、课时、进度等。刚性管理模式是把双刃剑，一方面容易出现忽视地方和学校差异，不利于体育教师积极性的发挥等问题，王占春在总结《义教大纲》不足时写道："教学大纲规定的教学内容偏多、教学内容规定的过死。"[③] 另一方面，刚性管理模式也并非一无是处。通过专家论证后对体育教材内容进行合理规定、限制或建议，可以从纵向上保证不同学段、不同年级之间的衔接，避免出现低水平重复。如果研究足够深入，还可以避免难度过

[①] 王占春：《新中国中小学体育教材建设与体育教学改革》，载深化学校体育教学改革的研究课题组《全国教育科学"八五"规划重点课题——深化学校体育改革的研究，人民教育出版社1999年版。

[②] 王占春：《新中国中小学体育教材建设五十年（下）》，《中国学校体育》1999年第6期。

[③] 王占春：《从现行体育教学大纲看我国学校体育课程建设》，《体育学刊》2001年第8期。

大，使教材内容难度与学生身心发展相吻合。从横向上，可以保证不同类教材内容的合理分配与组合。使教材内容得到规范，实施有据可依，并且有利于监督与评价。

仔细研究历年大纲发现对教材内容的管理并非"高度统一"，自1956年中学大纲中就分为基本教材和补充教材，基本教材是全国中学必须贯彻执行的教材；补充教材是为适应地区不同，各地中学体育教育发展不平衡或其他条件而编订的。1961年《中学体育教材》中规定了基本教材80%，选用教材20%。1978年和1987年大纲都规定了基本教材和选用教材，只不过选用教材比例不断增加，1987年大纲中规定选用教材初中不超过40%、高中不超过50%。而1988年大纲则提出了必修教材、必选教材和任选教材，1996年和2000年大纲则提出了必修、限选、任选教材。选用教材、限选教材和任选教材在一定程度上也体现了大纲注意灵活性的一面。这里论述大纲对教材内容的约束力与灵活性并非要回到大纲时代，而是客观认识到大纲在教材内容排列方面的优点与不足，总结经验，吸取教训，为后续研究与实践奠定基础。

（二）新课改前体育教材内容排列问题

《基础教育课程改革纲要（试行）》中指出："改变课程内容'难、繁、偏、旧'的现状……"这是对大纲的真实反映，体育学科也是如此。第一，安排的教材内容过多。毛振明教授对1992年版的《九年义务教育中小学体育教学大纲》中规定的教材内容数量进行了统计："从小学到初中大纲规定了422项主要运动教材，还要外加76项游戏和177项身体素质练习，从课时角度推算，相当于一个学时教1.28个教材。"[①] 可以看出数量之多。第二，内容偏旧、远离生活。从具体教材内容来看，规定了大量的蹲踞式跳远、

---

① 毛振明、王茹：《小学体育教学策略》，北京师范大学出版社2010年版，第22页。

跨越式或背越式跳高、原地侧向推铅球等脱离生活的陈旧内容；该问题也引起了学术界广泛讨论，最为著名的是 20 世纪 90 年代在《中国学校体育》杂志上进行的"为什么教滑步推铅球"的争论。

第三，教材内容难度较高。排列依据上主要从教材内容难度出发，虽仅从排列上来看，教学标准是随着年级的增加而提高的，但是由于对学生身心发展与认知规律、教材内容难度理论研究不够，许多阶段出现的教材内容难度远远高于学生身心发展水平，多数学生难以跟上教学进度和要求。例如，时至今日，大纲和当时教材编写者回忆体操教材时写道："动作难度偏大，学生难以掌握，如支撑跳跃中的头手翻（横箱）等动作。"① 这些问题挫伤了学生学习的积极性，严重影响了体育教学质量的提高和学生体质健康状况的改善，不利于学校体育对学生教育功能的发挥。

（三）新课改前体育教材内容排列问题原因

第一，造成体育教材内容繁难偏旧的理论根源在哪里呢？通过回顾学校体育发展史发现，新中国成立后体育理论界邀请苏联体育学者凯里舍夫来华讲学，今天许多体育理论最初都是来自凯里舍夫的《体育理论》。而"凯里舍夫的《体育理论》与苏联凯洛夫《教育学》的理论体系是如出一辙"②。凯洛夫的教育理论自引入中国后的几十年甚至直到今天对我国教育界与体育界都直接和间接产生巨大影响。凯洛夫教育理论突出特点是强调三中心，即以教材为中心、以教师为中心、以课堂为中心，将知识的传授作为核心。新中国成立后的历次大纲都留下凯洛夫教育理论的痕迹，其共同点是将"三基"的传授作为体育教学的核心。凯洛夫教育理论归根结底是客观主义知识观作为基础，即知识是客观存在的。从客观主义知识

---

① 课程教材研究所：《新中国中小学教材建设史 1949—2000 研究丛书（体育卷）》，人民教育出版社 2010 年版，第 149 页。

② 曲宗湖、顾渊彦：《"学校体育学"课程建设回顾与展望》，《首都体育学院学报》2009 年第 1 期。

观出发，学校教育就是要最大限度地将人类积累的文化知识传授给学生，教育教学质量与学生掌握客观知识的数量、难易程度成正相关。这种知识观是过去知识较少的时代背景下产生的，但是随着社会发展，尤其是知识呈几何增长的今天，一个人要学习所有知识无异于天方夜谭。因此，从今天来看，单纯依靠提高知识的数量和难度来促进学生发展的思路显然已成为历史。另外，编排过多、过难的内容一定会增加学生的学习负担，分散学习精力，学生反而没有掌握好知识，最终制约了学生的身心发展。

第二，新课改前体育教材内容排列出现问题的另一重要原因是受限于当时研究成果和人们的认识水平。各大纲对教材内容排列主要依据教材内容难易度，除此之外，1978年大纲还提出了"学生认知规律、身心生长发育规律"，1987年大纲首次提出"教材内容的层次、系统，在技术体系上注意纵的连贯性，还应考虑横的联系"等。但是受限当时历史背景下研究成果与人们认识水平，教材内容的难易度如何判断、学生认知规律与身心发育规律是什么、教材内容纵向如何连贯，横向如何联系等问题没有科学判断标准，多数停留在经验与感觉层面。因此，虽然大纲对于教材内容排列也提出了很多原则与建议，最终真正落实与体现在大纲中的不多。另外，由于对学习理论、课程难度理论、动作发展理论、发展敏感期理论等与教材内容排列紧密相关的理论学习与研究不够，未能有效用来指导体育教材内容排列。

第二节 新课改后体育教材内容排列反思

一 新课改后体育教材内容排列概况

新课改采取了目标引领内容的设计思路，将教材内容的选择与排列权利交给了一线教师。但从《标准》、教科书等文本中还是可以看出一些排列思路。

(一) 透过《标准》看教材内容排列

教材内容是课程内容的载体，《标准》虽然没有对教材内容给予规定，但是对课程内容给予了说明，通过《标准》对课程内容设置可以看出国家对教材内容排列的基本要求。标准规定了运动参与、运动技能、身体健康、心理健康与社会适应四个领域，下面以运动技能中"运动技能和方法"要求为例来分析教材内容排列思路。水平一要求"初步学会常见的球类游戏"，评价要点是"参与球类游戏活动的表现"；水平二要求"初步掌握几项球类活动的基本方法"，评价要点是"完成所学动作的熟练程度"；水平三要求"基本掌握一些球类运动项目的技术动作组合"，评价要点是"基本技术动作衔接的连贯性"；水平四要求"基本掌握应运用一些球类运动项目的技术和简单战术"，评价要点是"在比赛中运用所学技战术的熟练程度"；水平五要求"较好地掌握球类项目中某一或某些项目（如篮球、足球、乒乓球等）的技术与战术"。从《标准》对课程内容要求与评价要点可以看出，《标准》力图体现课程内容由易到难、由简到繁、逐步提高的思路和层次性、连续性的原则，并且从每一水平的要求看出，对课程内容规定与学生身心发展规律相贴近。

然而，《标准》作为指导体育与健康课程与教学改革的顶层设计文件，不可能也不宜具体到知识点的编排。可以说，单纯依靠《标准》无法解决从小学到高中十二年纷繁复杂的体育教材内容排列，大量的具体排列工作留给了教科书编写者和一线体育教师。

(二) 透过教科书看教材内容排列

教科书内容编排顺序就是向学生呈现知识的顺序，教科书内容编排顺序基本上决定了教学顺序[①]。从其他学科来看，教师基本上

[①] 邓凤莲：《体育与健康教科书结构研究》，硕士学位论文，湖南师范大学，2005年，第21—22页。

是严格按照教科书的顺序进行教学的，教科书内容编排顺序可以反映出教学顺序，可以反映出教材内容排列的理念与思路。体育教科书虽然版本众多，仅新课改后就有人民教育出版社，教育科学出版社，华东师范大学出版社、华中师范大学出版社、河北师范大学出版社等多个版本，但教师和学生真正使用的很少。访谈中，一位体育教师说"学期即将结束，到室内上理论课，发现教室后面有一摞未打开的书，走近一看是体育教科书"。出版社辛苦组织专家编写，学生交费购买，最后竟然没有一个学生看，不能不令人惋惜。为何其他学科教师与学生难以离开教科书，而体育课堂教学中教师与学生却不用教科书呢？这里既有体育教学区别于其他文化课教学的客观原因，更有教科书编写缺陷的自身原因。纵观不同版本的体育教科书，虽然主编、出版社、出版时间等有差异，但内容都包括体育理论知识和实践内容两部分。并且小学没有教科书，初中和高中教科书许多是以"初中全一册""高中全一册"形式出现。由于学界对"教什么、教多少、教的顺序"等基本问题尚未研究清楚，教科书实践部分编写核心内容无一例外的是将篮球、排球、足球、乒乓球、羽毛球、武术等项目的技战术介绍，这些运动项目具体选择哪些技战术作为教材内容，这些教材内容横向如何组合，纵向如何排列，教学进度、教学时数等均未给予说明。一线体育教师都经过正规本科术科的学习，可以说具体项目中的技战术都已熟记心间，并能游刃有余地应用于课堂教学中，对于他们需要的不是运动项目的技战术介绍，而是更想得到对于教材内容在顺序、进度、课时等方面的指导。因此，以介绍运动项目技战术为主的教科书对于一线体育教师失去了意义。

近年来人民教育出版社、教育科学出版社等已经认识到将运动项目按照"初中全一册、高中全一册"这种笼统方式介绍存在的弊端，开始将运动项目教材内容细化到年级层次，并且同类教材内容随着年级的递增难度明显增加,见表3-1。但是按年级编写的教科书仍然没有摆脱以介绍运动技战术为主的思维,一线教师用起来仍然一头雾水。

表3-1 教科书不同年级篮球教材内容对比

内容 年级	技术				技术组合或战术
七年级	持球	行进间运球	双手胸前传球	行进间单手肩上投篮	行进间绕杆运球上篮
八年级	持球突破	运球急停急起	单手肩上传球	行进间单手低手投篮	传切、二攻一配合

资料来源:耿培新:《体育与健康七年级全一册》,人民教育出版社2012年版,第34—40页。

面对《标准》对教材内容的放开与开放,面对主流教科书过于宏观的编写方式,2010年浙江省教育厅教研室组织编写了《浙江省义务教育体育(与健康)必学内容》教师用书(以下简称《教师用书》)(水平一到水平四共四册),书中将必学内容分为田径、体操、球类三类,"横向以'周期循环'理论,纵向以学生身心发展特点为依据"编排各项内容。每学期各项内容以教学单元形式描述,而且细化到每课时的"动作要领、教学重点与难点、教法提示和练习方法提示等。"有教师对该书总结为"教师减压、内容系统、质量检测、机制灵活"[1]。还有教师评价时说:"十分喜欢该书,只要实实在在地按照这本必学内容认真上,无论是学生还是教师都能有不少的收获。"[2]

通过对《教师用书》的参编人员、使用者访谈,结合文献中对该书的评论,从排列角度看,该书存在仍有待改进之处。

---

[1] 包国勇:《浙江省义务教育体育与健康必学内容参考书的实践研究》,《体育教学》2011年第6期。

[2] http://blog.sina.com.cn/s/blog_47213a7d01013hy1.html.

第一,《教师用书》从小学一年级到初中三年级九年中始终将必学内容分为田径、体操和球类（小学是篮球、足球,初中是篮球、排球）三类,这与新课改前湖南省省编教科书（湖南教育出版社1996年版）规定基本教材分类相似,但后者除田径、体操、篮球外,还有韵律体操与舞蹈、民族传统体育和提高身体素质练习等。《教师用书》对必学内容三分法事实上没有体现出不同年龄、性别、兴趣、爱好等方面差异,难以满足学生对体育运动的多种需求。

第二,有学者[①]认为《教师用书》没有体现出教材的学理,基本上都采用传授式教学。还有学者[②]认为有些单元设计没有抓住关键技术环节,而是一味地按照技术环节顺序去思考单元课时计划。还有学者[③]认为不应过早地将技术动作列入体育教材中去,认为《教师用书》中对体操教材排列时难度递进不够顺畅。

从上述对教科书分析可以得出,无论编排体例是"学段全一册"、"按年级分册",还是"细化到单元与课时"都属于外在形式的变化,只有研究清楚体育教材内容排列的原理,才能真正解决排列问题。

二 新课改后体育教材内容排列评析

（一）新课改后体育教材内容排列启示

改革意为"改去、革除"[④],是改掉"存在明确问题的、不合理的、落后的、严重影响生产力发展的"部分,使之更加合理完

[①] 李志勇:《〈浙江省义务教育体育（与健康）必学内容教师用书〉实施建议探讨》,《体育教学》2011年第6期。

[②] 刘坚:《〈浙江省义务教育体育（与健康）必学内容教师用书〉实施建议探讨》,《体育教学》2011年第6期。

[③] 吴维铭:《浙江省中小学教学参考内容中各年级"体操"内容编排的合理性分析》,《运动》2011年第7期。

[④] 夏征农:《辞海》,上海辞书出版社2002年版,第1070页。

善，具有历史性进步意义。课程改革就是要改掉过去和当前课程中存在不合理的、落后的、严重影响教育教学质量的部分。《基础教育改革发展纲要》在"基础教育课程改革的具体目标"提出了改革的对象——"六个过于（过于注重知识传授的倾向，过于强调学科本位、科目过多和缺乏整合，过于注重书本知识，过于强调接受学习，过分强调甄别与选拔的功能，课程管理过于集中）"，即当前存在的问题，并给出了改革的具体目标。在《纲要》的指引下，《标准》为了改变过去大纲对教材内容"规定的过多、过细、管得过死"的现象，采取了目标引领内容的设计思路，只给出了课程总目标、领域与水平分目标和课程内容、实施建议等，将具体教材内容的选择、排列权利交给了真正了解一线教学的体育教师。充分体现了我国地大物博、人口众多、地区发展不平衡的特点，各地、各校可以因地制宜地选择教材内容，增加教学的灵活性，也增加了标准落实的普适性。教育部 2007 年对"目标引领内容"设计思路进行广泛调研，结果显示："78.9% 的人认为这一做法'很好'或'较好'。"[①] 可以说，《标准》采取的弹性管理解放了一线教师的束缚，使得体育教材内容选择与排列更接近教学实际，这一点大纲的刚性管理是难以企及的。

（二）新课改后体育教材内容排列不足

《标准》采取目标引领内容，将体育教材内容排列权利交给了一线体育教师的思路，从目前来看同样也是把双刃剑。该思路使《标准》对各地、各校具有适切性的同时，也容易产生一些负面影响。

第一，体育教学容易出现学段间的脱节。脱节主要是指不同学段之间没有很好地衔接、过渡，导致小学进入初中、初中进入高中

[①] 杨文轩、季浏：《义务教育体育与健康课程标准（2011 版）解读》，高等教育出版社 2012 年版，第 20 页。

后或重复上一阶段教材内容，造成低水平重复；或下一阶段教材内容难度过高，学生学习困难。由于目前我国多数学校不同学段是分开办学的，失去规定性教材内容初中体育教师难以了解来自不同小学的学生基础，高中体育教师也难以了解学生初中学习内容，这样就容易出现学段之间脱节。这在现有研究成果中得到印证：唐照华等人贵州省调查时发现"90%的体育教学工作负责人在编制体育课程内容时不会考虑大、中、小学课程内容的衔接，也没有一个负责人在编制各级体育教材时会组织各学段专家对同一地区体育课程内容衔接进行研讨"[1]。柴如鹤从不同版本体育教科书对比中认为"大中小学体育教材内容存在层次性缺乏、重复性突出等问题"[2]。

第二，容易导致体育教学的主观性与随意性。目前体育教材内容排列理论研究不够，一线体育教师在缺乏科学理论指导的情况下不得不依靠经验、惯例对教材内容进行排列，没有经验的教师就会感到束手无策。还有学者指出"缺乏了规定性内容，往往成为一些不求上进教师随意性教学、甚至'放羊'的借口"[3]。

第三，出现教材内容支离破碎、难以形成体系。一个学科的教材内容应该是一个完整体系，一定不是零散的、支离破碎的。单个体育教师受视野、能力的限制，难以形成一个完整的体育教材内容体系，因此单纯依靠"各自为政"的体育教师很难对从小学到高中十二年的教材内容进行系统排列。

（三）新课改后体育教材内容排列出现问题原因

《标准》的一大突破是采取了目标引领内容的设计思路，而新

---

[1] 唐照华、卢文云、刘骏：《大、中、小学体育课程教材内容一体化的研究》，《成都体育学院学报》2005年第4期。

[2] 柴如鹤：《建构有效衔接的大中小学体育教材内容体系的必要性》，《体育学刊》2011年第6期。

[3] 余立峰：《区域内规定教学内容是落实三级课程管理制度的关键》，《中国学校体育》2012年第11期。

课改后体育教材内容排列出现问题直接原因之一也是《标准》对教材内容的放开与开放。一线教师拥有选择与排列教材内容权利同时对其自身能力提出更高的要求。然而，一方面许多体育教师没有摆脱大纲思维，仍然等待《标准》给出教材内容排列的具体方案。另一方面，一些体育教师受到自身能力和当前缺乏成熟排列理论的限制，面对纷繁复杂的教材内容又不知如何下手，这也是《标准》在落实过程中遇到障碍之一。

综上所述，无论新课改前国家通过大纲对体育教材内容给予排列，还是新课改后《标准》将体育教材内容排列权利交给一线体育教师，都无法解决体育教学中排列不合理的问题。其实，核心的问题不在于排列的主体是谁，而在于怎么排列和为什么这样排列，即体育教材内容排列技术和原理。实践是需要正确理论指导的，没有科学、合理的排列理论指导的体育教材内容排列难以有效落实标准，因此研究排列理论是体育教材内容排列的关键环节。当前排列理论主要有一般课程与教学论中介绍的直线式与螺旋式排列，和体育学界依据教材内容分层与排列循环周期提出的分层排列理论，下面对这几种排列理论分别进行分析。

第三节 当前体育教材内容主要排列理论反思

一 直线式与螺旋式排列理论反思

直线式与螺旋式是一般课程与教学论中提到的两种主要排列方式。在文献综述部分对其进行简单介绍，这里对其进一步分析，以期为体育教材内容排列理论研究提供新思路。

（一）直线式与螺旋式排列特征

对于直线式排列代表性定义有：《教育大辞典》将其定义为

"一科教材内容采取环环紧扣、直线推进、不予重复的排列方式"[1]。王策三给出定义是："直线式排列即各种知识（事实、原理）只学一次。"[2] 施良方定义是："直线式就是把一门课程的内容组织成一条在逻辑上前后联系的直线，前后内容基本上不重复。"[3] 可以看出判断直线式排列的标准是教材内容"只学一次""不予重复"。

螺旋式排列最早出现在布鲁纳提出了螺旋形课程的概念中，但未做深入研究。后来，拉盖恩和谢菲尔德又对其进行了探讨，指出："螺旋形课程是一种教材排列方式，这种排列方式使教材在学程的每一时刻反复出现，让学生在科目上逐步深入或学习科目的一个方面。"[4] 早期，《教育大辞典》将其定义为："针对学习者的接受能力，按照繁简、深浅、难易的程度，使一科教材内容的某些基本概念和基本原理重复出现，逐渐扩展，螺旋上升。"[5] 王策三认为"所谓螺旋排列即许多的知识要反复学习"[6]。施良方定义是：螺旋式则要在不同阶段上使课程内容重复出现，但逐渐扩大范围和加深程度[7]。可以看出判断螺旋式排列的标准是教材内容"重复""加深"。

从上述对两种排列方式定义分析中可以看出，在直线式排列中教材内容只出现一次，在一定教学时间内学生可以接触到的知识总量相对较多，所学知识范围较广但不深。而螺旋式排列中一项教材

---

[1] 顾明远：《教育大辞典（1）》，上海教育出版社1990年版，第285页。

[2] 王策三：《教学论稿》，人民教育出版社1985年版，第216页。

[3] 施良方：《课程理论：课程的基础、原理与问题》，教育科学出版社2006年版，第118—119页。

[4] W. B. Ragan, G. D. Shepherd, *Modern Elementary Curriculuml*, New York: Holt, Renihart and Winston, 1977.

[5] 顾明远：《教育大辞典（1）》，上海教育出版社1990年版，第285页。

[6] 王策三：《教学论稿》，人民教育出版社1985年版，第216页。

[7] 施良方：《课程理论：课程的基础、原理与问题》，教育科学出版社2006年版，第118—119页。

内容重复出现，一定教学时间内学生接触到的知识量相对较少，知识面相对较窄但对所学知识认识深刻。可以说，两种排列方式各有利弊，其自己的优点正是对方的缺点，而对方的长处正是自己的不足。在此基础上，可以进一步总结出两种排列方式的特征：第一，直线式排列关注的是知识的面，目的是让学生掌握更多知识，重心在于知识的广度。而螺旋式排列关注的是知识的线，目的是让学生对知识学深、学透，重心在于知识的深度。第二，直线式排列的优点在于不断呈现新内容，学生总觉得在学习新的东西，能使学生保持学习兴趣。而螺旋式排列的优点则是学科知识的难度随着学习活动的开展而逐渐提高。第三，直线式可以避免不必要的重复。而螺旋式则容易照顾到学生认识的特点，加深对学科的理解。

（二）直线式与螺旋式排列适用范围

分析了直线式与螺旋式两种排列方式的特征之后，对学界一个困惑的问题"两种排列方式的适用范围"就可以有进一步认识。直线式排列是教材内容只排列一次，关注的是量，可以使学生获得更多知识；而螺旋式排列是教材内容重复排列，关注的是质，可以使学生对所学知识有深刻认识。分析出"哪些教材内容只需排列一次，增加教材内容量的目的是什么"就可以得出直线式排列的适用范围；同理，分析了"哪些教材内容需要多次重复排列，将教材内容学深、学透的目的又是什么"就可以得出螺旋式排列的适用范围。

第一，一般来说，简单的教材内容只需排列一次，复杂的教材内容则需要重复排列，多次学习。复杂的程度越高，需要排列的次数越多。第二，从学段角度来看，由于小学和初中阶段，学生要了解多种体育运动，发现与培养自己的体育兴趣，因此学生学习的重心在于体育知识的面，即用直线排列。由于义务教育阶段学生年龄较小，大脑兴奋大于抑制，注意力的时间是有限的，需要不断选取新的教材内容，使学生始终处于不同的刺激中，其好奇、兴奋性容易调动起来，提高学生的注意力，其教学效果得到提高。同时由于义务教育阶段重心在于培养德、智、体全面发展的学生，而非培养学科专家，因此，教材内容侧重于直线排列，使学生掌握更多的知识面。而进入高中阶段以后，身心发育逐渐接近成年，大脑抑制大于兴奋，注意力时间延长，具备了抽象思维能力，加上学生兴趣爱好开始逐渐分化，此时学习重心可以向纵向转移，关注"专长"的形成与发展，因此教材内容侧重于螺旋式排列，使学生对所学知识有一定深入了解。第三，重点知识应该学深、学透，因此多采用螺旋式排列、教材内容多次重复出现。而非重点知识目的是了解、知道，因此多采用直线式排列、教材内容只出现一次即可。

综上所述，直线式排列适用于简单的、非重点的教材内容，多用于义务教育阶段。而螺旋式排列适用于复杂的、重点的教材内容，多用于高中以上阶段。教材内容的简单与复杂、重点与非重点都是相对的，也很难用具体的量去判断，加上教材内容排列受多种因素影响，因此，上述结论并非一成不变的，仅从这几点也难以解决两种排列方式对体育教材内容排列的指导，关键要看具体情景。

（三）直线式与螺旋式排列局限

长期以来，直线式与螺旋式一直是一般课程与教学论和体育课程与教学论中主要的排列理论。但在实践与研究过程中发现两种排列理论存在着许多问题。如教育学界常常举例："小学数学课程中的四则运算，将其按'整数四则运算—小数四则运算—分数四则运算'排列。从四则运算的分类来看，这似乎是螺旋式排列；但从数的分类来看，则似乎又是直线式排列了。"[①] 相似的观点也不乏出现在体育界学者论述中："对直线式与螺旋式在体育教材排列运用研

---

① 黄甫全：《阶梯型课程引论》，贵州人民出版社1996年版，第132页。

究的基础上得出结论,以往的体育教材排列理论没有明确说明'直线式排列'和'螺旋式排列'的单元有没有区别,也就是没有说明有没有不同的'直线式排列'和'螺旋式排列'。"[1]"直线式与螺旋式是一个不能解决问题的空洞理论。因为直线的长短、螺旋回归周期不明;什么教材、多少教材可用于直线式和螺旋式排列解释得太过笼统与含糊。"[2] 两种排列理论被诟病的主要原因是知识分类的视角很多,但不同类型知识之间又有内在联系,因此从某种分类来看,教材内容是独立的,只出现一次,可视为直线排列,从另一种分类来看,教材内容是重复的,难度加深的,又可视为螺旋排列。这也就是上述提到的对四则运算排列既可以看作螺旋式排列也可以看作直线式排列的原因。这种原因是不以人为转移的客观存在,因此两种排列理论的缺陷是先天存在而后天无法弥补的。

虽然学界提出两种排列方式存在的问题,但并未对其完全抛弃和断然否定,而是积极吸取有益的成分。黄甫全教授在两种排列方式基础上提出了阶梯式排列,而毛振明教授将两种排列方式细分为充实螺旋式、充实直线式、单薄螺旋式、单薄直线式。

综上所述,由于传统排列方式本身的缺陷和现有研究不够,加上体育学科教材内容特殊性,一般课程与教学论中给出的"直线式排列""螺旋式排列"远远不能解决现实中体育教材内容排列问题。因此,理论研究与实践工作推进迫切需要一种新的排列理论,体育教材内容分层排列理论在此背景下应运而生。

二 体育教材内容分层排列理论反思

(一)体育教材内容分层排列理论的价值

教材内容排列是任何一个学科都无法回避的问题,而一般课程

---

[1] 毛振明:《体育课程与教材新论》,辽宁大学出版社2001年版,第70—73页。
[2] 毛振明:《体育课程改革新论——兼论何为好的体育课》,教育科学出版社2012年版,第46—49页。

与教学论中的直线式与螺旋式排列由于自身缺陷难以为学科教材内容排列提供厚实的理论支撑，同时各学科也必须从自身特性出发研究本学科教材内容排列方式。体育教材内容分层排列理论是在对传统排列理论批判继承的基础上，反复思考实践中"低级重复""蜻蜓点水式教学""学生十二年学校体育生涯没有熟练掌握一到两项运动技能"等问题的结果，是对"直线式与螺旋式"排列超越与突破。该理论一经提出，在学术研究与实践中得到广泛认可和应用，具体体现在以下两方面。

（1）深化了对排列理论的认识

体育教材内容分层排列理论的提出，使我们对排列理论的认识向前迈进了一步。第一，在分析体育教材内容排列"循环周期"的基础上，将直线式排列与螺旋式排列细化为充实螺旋式、充实直线式、单薄螺旋式、单薄直线式四种排列方式，这不仅有助于实践中具体操作，而且也是对一般课程与教学论中排列方式的创新。第二，创造性地将体育教材内容分为精学类、简学类、介绍类和锻炼类四个层次，层次不同其排列方式、授课时数、教学策略等也迥然不同，有助于一线教师对不同层次教材内容区别对待。第三，分层排列理论有助于一线教师有针对性地对体育教材内容进行排列，解决实践中"教材内容低水平重复""蜻蜓点水式教学"等问题，最终使学生能够熟练掌握一到两项运动项目，可以说该理论有很强的针对性。

（2）体育教材内容排列理论应用广泛

一方面，有些地区依据该理论制定了《地方体育与健康课程指导纲要》，例如2004年河南省教育厅颁布的《河南省中小学体育（体育与健康）课程教学指导》中核心部分"教学内容的选编"与"教学内容建议"均是依据分层排列理论。并在十年后修订的"河南省义务教育阶段《体育与健康课程实施方案》"[1] 中仍然是主导理论。

另一方面，该理论除了在毛振明教授自身大量相关研究成果中应用之外，还有许多学者在理论研究与实践工作中依据了分层排列理论。如蒋玉红[2]依据分层排列理论对江苏省苏州市草桥中学体育教材内容进行重组与优化，经过三年的实践，无论是学生运动技术还是中考成绩都得到了提高。李永灿[3]在充分理解分层排列理论的基础上，创造性地应用在武术项目内（见图3-1），拓展了使用范围。蔺新茂[4]等在博士学位论文中将分层排列理论应用在基础类技术中（见图3-2）。

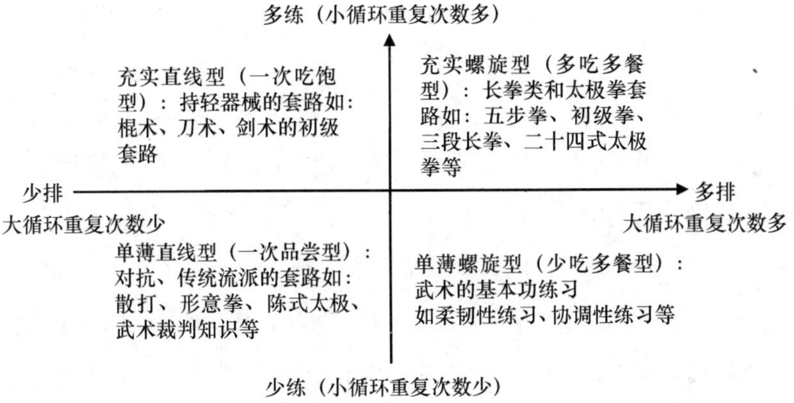

图3-1 新体育教学内容分层次理论在单个项目中应用的范例

总之，体育教材内容分层排列理论不仅将"排列"作为问题提

---

[1] 刘俊凯：《河南省义务教育阶段〈体育与健康课程实施方案〉的研制与分析》，《体育学刊》2014年第5期。
[2] 蒋玉红：《体育教学内容的重组及优化分析》，《中国学校体育》2011年第2期。
[3] 李永灿：《对新的体育教学内容分层次理论的认识和应用》，《体育教学》2005年第4期。
[4] 蔺新茂、毛振明：《体育教学内容论》，北京体育大学出版社2014年版，第288页。

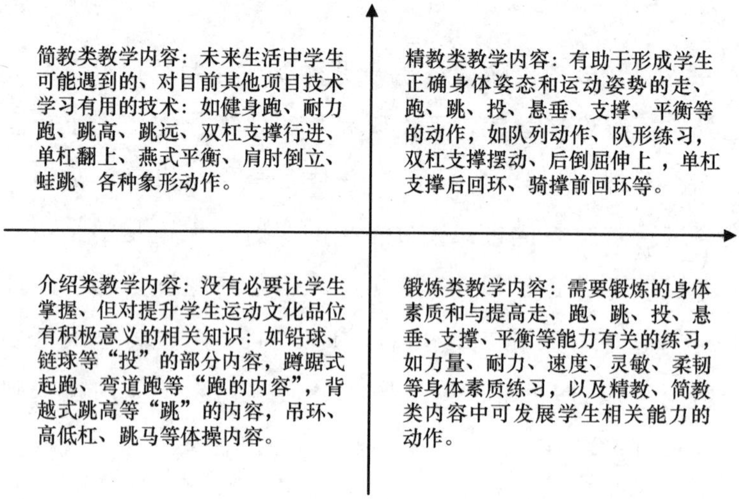

简教类教学内容：未来生活中学生可能遇到的、对目前其他项目技术学习有用的技术：如健身跑、耐力跑、跳高、跳远、双杠支撑行进、单杠翻上、燕式平衡、肩肘倒立、蛙跳、各种象形动作。

精教类教学内容：有助于形成学生正确身体姿态和运动姿势的走、跑、跳、投、悬垂、支撑、平衡等的动作，如队列动作、队形练习、双杠支撑摆动、后倒屈伸上，单杠支撑后回环、骑撑前回环等。

介绍类教学内容：没有必要让学生掌握、但对提升学生运动文化品位有积极意义的相关知识：如铅球、链球等"投"的部分内容，蹲踞式起跑、弯道跑等"跑的内容"，背越式跳高等"跳"的内容，吊环、高低杠、跳马等体操内容。

锻炼类教学内容：需要锻炼的身体素质和与提高走、跑、跳、投、悬垂、支撑、平衡等能力有关的练习，如力量、耐力、速度、灵敏、柔韧等身体素质练习，以及精教、简教类内容中可发展学生相关能力的动作。

图 3-2　四层次体育教学内容划分方法（以基础类技术为例）

了出来，深化了学界对排列理论的认识，并且在实践中得到广泛应用。因此，无论是对于体育学科课程与教学论还是对于一般课程与教学论都做出了重大贡献。

（二）体育教材内容分层排列理论的不足

在看到分层排列理论贡献的同时还应清醒地认识到该理论的局限性，尤其是将其在实践中应用会发现，该理论并非可以彻底解决体育教材内容排列中所有问题。因为一线教学远比想象中要复杂，不是简单地将体育教材内容分层、将排列方式细化就可以解决的。当在实践中"碰壁"之后，再回过头来反思该理论时发现其本身存在以下几方面的不足。

表 3-2　四类体育教学内容的不同要求（每学年有效学时按 60 计算）

	精教类教学内容	简教类教学内容	介绍类教学内容	锻炼类教学内容
在各年级排列	多排	少排	少排	多排

续表

	精教类教学内容	简教类教学内容	介绍类教学内容	锻炼类教学内容
单元规模	超大单元	大单元	小单元	超小单元
单位教材的学时	15—30学时	7—10学时	1—2学时	10分钟/学时
全年安排教材数	1—2项	2—3项	3—4项	全面锻炼和方法
全年所用学时数	30学时	20学时	5学时	5学时
适用内容	常见的、可行的、学生喜欢的、教师能教、场地允许、与学校传统项目相结合的项目	未来生活中学生可能遇到的、有必要具有一定基础的、教学条件允许的项目	没有必要掌握，但有必要让学生知道的或体验的运动文化和项目的有关知识	需要锻炼的身体素质和走、跑、跳、投、支撑、攀爬、钻越、搬运、负重等能力
内容举例	篮球、排球、武术、足球、乒乓球、健美操	棒球、轮滑、体育舞蹈、羽毛球、形体、太极拳、跆拳道等	高尔夫球、橄榄球、台球、网球、跳水、竞技体操、保龄球等	力量、耐力、速度、灵敏、柔韧等身体素质练习，和精学、粗学教材有关的专项素质练习，身体基本活动能力

资料来源：毛振明：《体育教学论》，高等教育出版社2005年版，第220页。

第一，该理论缺少时间概念，即学生年龄对体育教材内容排列影响。众所周知，在小学、初中、高中不同学段，学生的身体、心理与认知发展程度存在明显阶段性特征，相应的各个学段体育教材内容也应是不同的，甚至在小学不同水平教材内容侧重点也应该有所差别。图3-1的象限图是分层排列理论的浓缩，其中横轴与纵轴分别表示的是大周期循环（学年的循环和学段的循环）与小周期循环（课的循环和学期的循环）。可以看出，二维平面象限图中缺少了"时间轴"，这样分层排列理论就无法表达出体育教材内容随学生年龄变化而变化，也无法回答不同层次教材内容"从何时上"和"上多长时间"两个关键问题，一线教师在用该理论指导实践时仍然会感到困惑。以精学类为例，表3-2给出了精学类教材内容在"各年级"排列,"各年级"从字面上理解包括从小学到高中的各个年级。但是处于生长发育期的少年儿童是不宜过早进行专项学习,而应该全面锻炼、促使身体全面发展。另外在小学阶段,学生受兴趣、认知能力限制,很难精学哪个项目。因此,将"各年级"理解为不同学段的所有年级是不正确的。"各年级"指的是哪些年级,该理论没有给出答案,查阅现有相关文献也没有得出结论,那么精教类教材内容究竟从哪个年级开始安排等诸如此类问题均没有答案。

第二,分层排列理论对精学类、粗学类和介绍类内容划分标准过于宏观,实践中难以操作。分层排列理论是先将教材内容分为精学类、简学类、介绍类和锻炼类,之后又根据排列周期将排列方式细分为充实螺旋式排列、充实直线式排列、单薄直线式排列与单薄螺旋式排列,并将教材内容的四种分类与四种排列方式一一对应。可以说将教材内容分类、细分排列方式、将两者结合都是有道理的。但是表中给出了一些与教材内容分类、排列方式对号入座的例子,仔细对例子中的教材内容进行分析发现这些例子并不十分准确。该理论将"社会上时兴的、在中国是普及的、学生喜欢的、学校条件允许的、体育教师可以教的"作为选择精学类的标准,依照这个标准,表中将轮滑、体育舞蹈、羽毛球、太极拳、跆拳道等归为简学类显然不符合实际。因为这些项目在不少地方是符合精学类标准的。该理论将简学类的标准定为"需要师傅引进门,以便将来能修行在个人"的项目,按照这个标准,表中给出的精学类和介绍类的教材内容也可以归入简学类,例如,精学类的足球、健美操和介绍类的网球、台球对不少学校、不少学生来说显然也可以作为简学类。给出具体例子与教材内容分类、排列方式不对应不单纯是选择例子正确与否的问题,而是我们对教材内容分类和排列方式理解出了偏差,第六章将对该问题作进一步分析。

第三，没有给出具体教材内容排列技术或原理，无法从微观层面的体育教材内容排列做指导。该理论虽然给出了不同层次的教材内容排列方式，甚至给出了每年的授课时数，但是具体到某一个项目在某个学段内的排列方式仍然需要依靠一线教师的经验，例如，精学类中的篮球，要在初中至高中每学年排30学时，但是篮球包含着丰富的技战术、规则、身体素质锻炼，这些内容在这30学时中呈现的次序是什么，在不同年级呈现的次序又是什么，这些具体、实际的问题是一线教师在教材内容排列中必须面对的，而现有的分层排列理论无法对这些问题给出答案。另外，该理论最终实现目标是"学生熟练掌握一到两项运动技能、有30个左右项目已入门、对200个项目有所了解、身体素质特别好"[①]。30个简教内容、200个介绍内容对于当前我国一线教师知识来说很可能成为一种美好的愿景而难以落实。

(三) 体育教材内容分层排列理论存在不足的原因

1. 缺少学生维度

学生维度主要是学生年龄是自变量，学生身体、心理与认知发展是因变量。从小学到高中十二年中，学生在身体、心理和认知发展方面表现出明显的阶段性与连续性特征。而这种变化深深制约着体育教材内容的排列，同时，体育教材内容排列反过来也要有助于学生全面发展。因此，任何漠视或忽视学生维度的体育教材内容排列方案其科学性和实用性都将受到质疑。分层排列理论中只有排列方式和教材内容分类两个维度，缺少学生维度是该理论存在漏洞的原因之一。

2. 缺少体育学科知识维度

体育教材内容数量庞大，来自不同母体，在形态、特性、功能

---

① 毛振明：《体育教材排列理论与方法研究》，《天津体育学院学报》2003年第4期。

等方面差异明显，试图对所有体育教材内容采用一种模式排列是不现实的。因此，一定要对其进行分类，并深入研究不同类教材内容的特征与规律。例如，体能类教材内容与技能类教材内容排列会有所差别，仅技能类教材内容中开放式运动技能与封闭式运动技能各部分呈现顺序又大相径庭。分层排列理论中从排列方式角度将教材内容分为精学、粗学、介绍和锻炼四类，但是没有体现出从学习理论角度对教材内容特征分析，导致了该理论没有体现出具体项目排列的技术与原理。

3. 从研究视角看，分层排列理论提出的理论基础不充分，这也是该理论存在缺陷的根源

体育教材内容排列是要为学生学习服务的。首先，动作技能学习虽然有其特殊性，但仍然属于学习范畴，遵循学习的一般规律性，因此离不开学习理论支撑；其次，教学的主体是学生，体育教材内容排列要遵循学生身心发展规律及其相关理论；最后，体育教材内容是以身体练习为主，有其学科特殊性，因此体育学科自身相关理论应是体育教材内容排列重要理论基础。而从分层排列理论提出的过程来看，其理论依据主要包括"排列中的'循环周期'现象"和"'大小循环'的相互制约关系"[①]。可以说该理论依据主要是一般课程与教学论中的"排列方式"。狭隘的理论基础导致了该理论突破点在细化了排列方式，而忽略了学生维度和体育学科维度。因此，该理论虽然对传统排列理论取得了重大突破，并在学术研究与实践工作中得到广泛应用，但由于上述原因及其引发的问题，该理论仍然有缺陷和不足。

该理论虽然存在着不足，但不能否认对原有理论的突破；该理论虽不能彻底解决实际中的问题，但不能否认对实践工作指导意

---

① 毛振明：《体育教学论》，高等教育出版社 2005 年版，第 216 页。

义；该理论不完善之处也为后续研究指出努力的方向。英国科学哲学家波普尔说过："科学和知识的增长永远始于问题，终于问题——越来越深化的问题，越来越能启发新问题的问题。"分层排列理论使教材内容排列作为学校体育重要理论问题呈现出来，提出的教材内容四个层次的排列方式是对教材内容排列问题认识水平的深化，并为后续研究提供了思路和空间，可以说是"启发新问题的问题"。

第四节 小结

无论是新课改前刚性管理还是新课改后弹性管理，体育教材内容排列都出现一定的问题，其主要原因不在于管理方式和教材内容排列主体，而在于排列的原理与技术。通过分析发现，对当前一般课程与教学论中直线式与螺旋式排列理论存在着自身难以弥补的致命缺陷，也有学者称为空洞的理论。体育学界提出了"分层排列理论"是在传统排列理论基础上的突破，但该理论由于没有体现出教材内容逻辑性和学生身心发展与认知规律，因此难以解决时间跨度大、教材内容类型多、教学情境复杂的教材内容排列工程。从排列理论发展角度看，传统排列理论和分层排列理论都是"启发新问题的问题"，是排列理论发展链条中重要的节点。

第四章

体育教材内容排列研究的理论基础

第一节 学习理论

学习理论是探究人类学习本质及其形成机制的心理学理论。"学习理论的研究试图解释学习是如何发生的？它是一个什么样的过程？它有哪些内在规律？如何才能进行有效的学习？"[1] 动作技能的学习虽然有其特殊性，但仍然属于学习的范畴，遵循学习的一般性规律。教材内容排列属于教的范畴，教是为了学服务的，因此只有从学的角度研究教材内容排列才更具有实际意义。一言以蔽之，研究教材内容排列离不开对学习的研究，离不开学习理论。与教材内容排列密切相关的有累积学习理论、精加工理论和迁移理论。

一 累积学习理论

（一）不同类型学习结果的先决条件

先决条件[2]是在终点目标学习之前学习的一项任务，它能促进学习或使学习成为可能。美国著名教育心理学家加涅将学习结果分

---

[1] 莫雷：《学习过程与机制研究——我国学习双机制理论与实验》，经济科学出版社 2012 年版，第 10—11 页。

[2] 加涅、韦杰、戈勒斯：《教学设计原理》，王小明、庞维国、陈保华译，华东师范大学出版社 2007 年版，第 139 页。

为智慧技能、言语信息、认知策略、动作技能、态度等五种主要性能，并提出任何一种性能的学习都需要一定的先决条件。以智慧技能为例，智慧技能学习的先决条件构成因素包括（1）已经习得的构成新技能成分的先决技能；（2）回忆已习得的技能并将它们以新的方式组合起来的过程。对智慧技能之间的相互依存及其对基本学习形式的依赖，可以作如下概括（见图4-1①）：两个或两个以上的概念是单一规则学习的先决条件（从规则的意义上讲，概念是下位的）。同样，两个或两个以上的规则是其上位规则学习的先决条件。一旦后者被习得，它就可以跟另外的规则结合起来，依此类推。

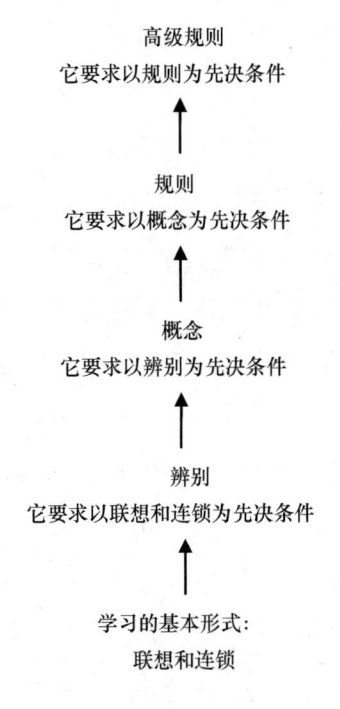

高级规则
它要求以规则为先决条件
↑
规则
它要求以概念为先决条件
↑
概念
它要求以辨别为先决条件
↑
辨别
它要求以联想和连锁为先决条件
↑
学习的基本形式：
联想和连锁

图4-1 智慧技能之间先决条件

---

① 加涅、韦杰、戈勒斯：《教学设计原理》，王小明、庞维国、陈保华译，华东师范大学出版社2007年版，第63页。

每一种习得的性能都有其自己的由先前学习所确立的前提条件，如果学习者习得了不同层级的前提条件，并且进入他们的工作记忆，那么最终学习目标便顺利达成，反之学习者学习感到困难、吃力。因此，识别不同类型学习结果的前提条件就成为教育教学研究的一个重要课题，对于课程标准、教学计划等文件的制定、教材内容排列等工作具有不可估量的价值。因为，一旦识别了这些条件，在设计教学方案时，就可以先按照顺序来教授它的前提条件，最终达成"目标性能"。

动作技能学习贯穿在人生的各个阶段，并体现在日常生活的方方面面。从婴儿牙牙学语、蹒跚学步，到学龄儿童的写字、绘画，到专业的设备、仪器操作都离不开动作技能，最为明显的就是体育运动技能的学习。加涅除对智慧技能、认知策略、言语信息、态度等先决条件论述之外，还对动作技能学习的先决条件进行了说明。动作技能可分解为构成整个行为表现的一系列步骤或部分技能。例如自由式游泳是由蹬腿、手臂划水、抬头呼吸等几部分技能组成，也就是说要学会游泳的必要先决条件是掌握部分技能。但仅学会这几个部分技能还远不能学会自由式游泳，我们经常看到一些学习者基本掌握了蹬腿、划水、呼吸等动作，但是一旦到水里仍然手忙脚乱，不知所措，其原因是自由式游泳并不是这几个动作简单的叠加和组合，而是依照一定的步骤或程序综合起来的，这样一套操作程序被费茨和波斯纳称为"执行程序"[1]。从学习游泳的例子中可以得出，部分技能和执行程序是运动技能学习的先决条件，两者缺一不可。

---

[1] 加涅：《学习的条件和教学论》，皮连生、王映学、郑葳译，华东师范大学出版社1999年版，第71页。

(二) 学习层级

上述对先决条件的论述说明了学习任何一种新的技能，都是以已经习得的、从属于它们的技能为基础的，即先学习第一层次的技能、并以此为先决条件进行第二层次技能的学习，在整个技能体系中第二层次的技能又成为第三层次技能学习的先决条件，以此类推，就形成了一个由简单到复杂的层级结构。学习层级在篮球三步上篮教学中应用的例子见图4-2。为了习得顶端三步上篮的学习目标，学生必须先学会或先前具备行进间运球（或接球）、由跑转换成跳、跳投三个基本动作。如果学生先前已经习得这三个动作，且三个下位动作进入学生的工作记忆，那么学习目标可以较顺利达成。反之，如果学生先前没有掌握这三项基本技能或没有掌握某一项，那么学生学习毫无疑问会很困难。一些教师认为三步上篮动作较为简单，教学时直接教完整套动作，结果发现学生错误百出，始料不及，其原因是忽略学生没有掌握先决条件这一客观事实。在三步上篮学习的层级结构中，三个下位动作又可进一步细分其他的下位技能，如学习行进间运球的先决条件是跑和运球、由跑转换成跳的先决条件是熟练运用跑和跳、跳投的先决条件是跳和原地投篮等基本动作。

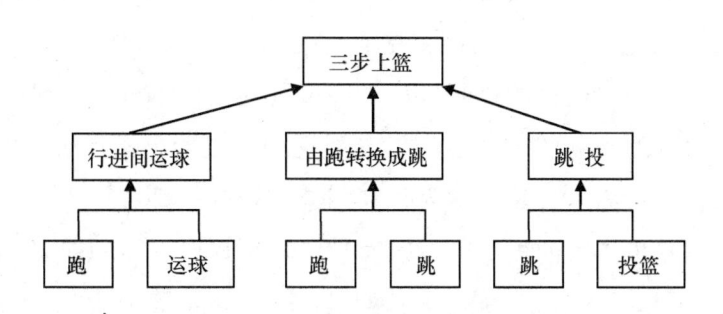

图4-2 三步上篮动作学习层级结构

美国的另外一位教育心理学家布卢姆与加涅对学习结果的分类

虽然有所差别，但是在对待学习层级的认识是一致的。布卢姆将学习目标分为三类：认知领域、情感领域、动作领域。并对三个领域进行了细分，认知领域分为知识、理解、应用、分析、综合与评价；情感领域分为接受、反应、价值的评价、组织、由价值或价值复合体形成的性格化；动作技能领域反射动作、基本—基础动作、知觉能力、体能、技巧动作、有意沟通六个层次。布卢姆认为每个分领域内的亚类也是有层级的，并用"连续体"一词来描述亚类内不同层次之间的递进关系。例如认知领域中知识是这一层级中最简单的目标类型，评价是最复杂的目标类型，理解、应用、分析、综合难度依次递进。他认为要达到动作技能领域连续体中最高的层次，即获得创造性的审美动作形式，学习者必须具备不可缺少的先决条件[①]，即在技巧动作、体能、知觉能力等类别的基础上获得发展，必须具备第一、二类与生俱来的基本动作形式和适当的机能反射，而且必须一个一个层次的依次前进。可以看出，无论是加涅还是布卢姆，这些教育界名家都十分强调学习的先决条件，也强调层级结构。

（三）累积学习

学习层级表明，学习任何新的技能都需要某种先前的经验，因此加涅认为"个体的学习历程在性质上是累积的……"并提出累积学习是"任何一种智慧技能，尽管它是以相对具体的形态习得的，但它可通过学习迁移的机制概括至许多其他技能的学习及许多早先未曾遇到过的问题解决中去"[②]。从概念中可以看出累积学习包括以下两层含义：第一，累积学习是利用迁移原理。即技能尤其是基础技能是进一步学习的先决条件，而且基本技能除了可以是某一具体

---

① A. J. 哈罗、E. J. 辛普森：《教育目标分类学·动作技能领域》，施良方、唐晓杰译，华东师范大学出版社1989年版，第28页。

② 加涅：《学习的条件和教学论》，皮连生、王映学、郑葳译，华东师范大学出版社1999年版，第152页。

技能的前提条件外，还可以迁移至许多高级技能及各种待解决的问题中。第二，具有累积效应。即已经习得的技能越多，则迁移至较高级性能学习的可能性便增加，进一步学习也就越容易。从累积效应来看，一个人已经习得的技能可以预测其未来发展的"潜能"。累积效应在体育学习中同样适用，当学生习得某一项特殊运动技能时，该技能不仅能迁移至个别较复杂运动技能的学习，而且能迁移至若干其他运动技能的学习。例如，学习徒手投掷动作，不仅是投掷铅球、铁饼、标枪等学习的先决条件，还可以迁移至羽毛球、排球、篮球等技能学习中。

现实学习中我们时常发现具有丰富的早先习得知识的学习者要比只有少量原有知识的学习者学习更为容易的现象，其原因是前者拥有更扎实的基本技能，并不断将累积层级结构体系中的下位技能迁移至上位技能的学习，使后续学习更容易、更迅速。

（四）累积学习理论对体育教材内容排列的启示

累积学习理论解释了学习的规律，对体育教材内容排列启示有：第一，强调先决条件。在平时教学中，常常听到大学体育教师面对学习"困难生"抱怨学生在高中没有打好基础，以至于大学要为高中补课。也常常听到高中体育教师埋怨初中体育教师没有教给学生应有的运动技能，造成高中阶段学习困难。也不乏初中体育教师将责任推给小学体育教学。甚至还经常了解到体育教师和学生会感到由于学生上节课知识没有掌握，对下节课教学工作造成负面影响。其实这种感受在各个学科都有，归根结底原因就是先决条件。对于体育教材内容排列来讲，前面安排的内容要为后面的内容奠定基础，无论是某节课、某学期还是某学段都需要先决条件。如果我们清楚了学习不同体育教材内容的先决条件，那么就可以按照其先决条件对其进行排列，使学习有序递进。第二，强调基础知识的掌握。累积学习理论可以看作先决条件的拓展，只不过它更强调基础知识的先决条件作用。从小学到高中如果将体育教材内容看作由若干层级内容构成的一个整体，那么累积层级理论十分注重基础知识、基本技能的重要性，即在义务教育阶段尤其是小学阶段掌握基础知识、基本技能越多，后续学习越容易、越快速，体育教学效率和质量得以提高。因此，在小学阶段应该多排与基础知识、基本技能相关的体育教材内容。

通过上文分析可知，累积学习理论是体育教材内容排列重要的理论基础，为千头万绪的体育教材内容排列找到了切入点。本研究后续工作就是努力找出不同学段之间、学期之间、课时之间的先决条件是什么，找出哪些是与基础知识、基本技能密切相关的体育教材内容，这些工作也是体育教材内容排列研究的"先决条件"。

二　精加工理论

布鲁纳的螺旋课程模型提出学习者在几个不同阶段之间循序渐进地掌握某一主题。精加工理论是赖格卢思和斯坦在布鲁纳的螺旋课程模型的基础上进一步提出的，该理论主张教学内容应结构化，以便先给学生呈现一种特殊类型的总述，叫作概览，其中包含一些一般的、简单的和基本的观念。接下来的教学可以呈现对前面观念进行精加工的更详细的观念。在这之后是对概览的回顾并描绘最近的观念和早先呈现的观念之间的关系。这种总述、精加工、总结和综合的模式不断进行，直到达到学科各方面理想的覆盖水平为止。精加工理论要求课程应按从简单到复杂、从概括到细节、从抽象到具体的方式来组织。

精加工理论也倡导运用"变焦镜头的隐喻"[①]，如果通过照相机的变焦镜头来观赏一张照片，通常会以广角视界开始观察，因为

[①] 杰罗姆·范梅里恩伯尔、保罗·基尔希纳：《综合学习设计》，盛群力、陈丽、王文智译，福建教育出版社2012年版，第64页。

广角视角其特征是镜头视角大，视野宽阔，从某一视点观察到的景物范围要比人眼在同一视点所看到的大得多，但不足之处是缺乏局部的具体细节。通过变焦镜头，可以详细地看清楚具体细节以及局部之间关系。借助持续的推拉变焦镜头，可以不断得到完整景物的各方面详尽信息。变焦镜头的隐喻准确地表达了精加工理论强调"概览—局部精加工—综合"的教学顺序，这一顺序与球类教学中十分流行的领会教学法有相通之处。领会教学法就是将传统"从局部开始分解教学"改为"从整体开始再到局部，最后再回到整体"。从整体入手目的是从一开始就让学生领会项目的基本概况和概貌，就像是用广角视角一样。这与领会教学法的精髓有相同之处，领会教学法主要用于球类项目，那么精加工理论对于球类运动教材内容的排列具有重要的指导意义。

领会教学法虽然是从教学方法的角度研究的，但同样对教材内容排列具有启发意义。因为"教学方法是教授者与学习者根据教学论原理与法则所规定的操作顺序……包含了教材的传授方式与掌握教材的学习方法"[①]。而教材内容排列是教学设计的一部分，显然符合其规律。另外领会教学法主要运用于球类项目，那么球类项目多属于开放式运动技能，可以说领会教学法为开放式运动技能的教材内容排列提供了思路。

三 学习迁移理论

(一) 学习迁移理论介绍

迁移指的是一个联结的增强或减弱导致另一个联结产生类似变化的程度。当情境有相同要素并要求做出类似的反应时，迁移就产

---

① 钟启泉：《现代学科教育学论析》，陕西人民教育出版社1993年版，第193页。

生了[①]。只要有学习，就会有迁移的发生。"为迁移而教"始终是学校教育追求的最主要目标。以往人们对迁移也作过多种分类，如按效果可分为正迁移、负迁移与零迁移，按方向分为垂直迁移与水平迁移，按内容分为一般迁移与特殊迁移，按范围分为远迁移与近迁移，按领域分为知识的迁移、动作技能的迁移、智力技能的迁移等。

（二）学习迁移发生机制

国内外学者对学习迁移发生的机制进行了深入研究，主要有早期提出的"形式训练说"，桑代克提出的"共同元素说"，贾德提倡的"概括说"等，格式塔心理学家提出的"关系说"，哈洛提出的"学习定式说"等。随着学习理论研究进展，迁移理论也不断更新，当代著名的迁移理论有奥苏伯尔的认知结构迁移理论、安德森等人提出的产生式迁移理论和新近发展起来的认知策略迁移理论。这些学说就像一座座基石铺向通往学习迁移深入研究的大道。

（三）学习迁移理论对体育教材内容排列启示

学习迁移是学习过程中重要的、必不可少的现象，对体育教材内容排列有重要的影响。同样的教材内容，如果编排合理，就能充分发挥教材内容之间正向迁移的作用，教师省时省力，学生事半功倍；如果编排不好，迁移效果就小，甚至产生负迁移，教师徒劳无功，学生事倍功半。因此，有学者[②]通过实验认为"控制在相同的时间和作业定额内，教材顺序的构成是促使发生技能正迁移的必备条件"。还有学者[③]专门从迁移角度提出编排教材要遵循"结构化、一体化、网络化"原则。

---

① 戴尔·H.申克：《学习理论：教育的视角》，韦小满译，江苏教育出版社2003年版，第35页。

② 柴建设、邵丽君：《对技能迁移规律的对比研究》，《北京体育大学学报》2002年第3期。

③ 桑青松：《学习心理研究》，安徽人民出版社2010年版，第141页。

第二节 课程难度理论

华南师范大学教育科学学院博士生导师黄甫全教授最早明确地提出课程难度问题，并对其进行全方位、多维度系统的研究，认为"课程难度是当代课程乃至教育的根本问题之一、没有难度的教育也就失去其存在的价值"[①]。

一 课程难度理论内涵

（一）课程难度释义

课程难度[②]是预期教育结果从简单到复杂、从低级到高级的质和量在时间上相统一的动态进程。从这一定义中我们可以看出，课程难度是由广度难度、深度难度和进度难度共同组成的三维立体结构。广度难度指的是预期教育结果在量上的多少，量少则难度小，量多则难度大，上文分析以往我国大纲中由于规定的体育教材内容过多而造成学生学习困难表达的就是广度难度。深度难度是从预期教育结果的质的角度来说的，质深则难度大；反之，质浅则难度小，体育教学中存在的低级重复就是教材内容的深度难度不够，造成多数学生缺乏学习的动力。进度难度是指预期教育结果在教学时间上的长与短，教学进度的慢与快，时间长、进度慢则难度小，时间短、进度快则难度大。课程难度是由这三种难度共同决定的，单一难度只是制约影响作用。例如，某教材内容在某阶段上虽然深度难度大，但是广度难度小，教学进度慢，则综合难度也可能是适宜的。

[①] 黄甫全：《阶梯型课程引论》，贵州人民出版社1996年版，第7页。
[②] 同上书，第27—28页。

（二）教材内容难度是课程难度的外在表现

人发展需求、社会发展需求、人类知识不断更新三者客观上既分别制约着课程难度，又综合决定着课程难度。反过来，体现人类知识体系的课程难度适应和促进了学习者发展，最终促进了人类知识更新和社会不断进步。课程难度的教育意义的根本点是，激发学生努力去克服和内化发展过程中的一个个困难与障碍，从而促使学生身心发展水平提高。课程难度理论一定要体现在具体的教学中，否则只能是一纸空文而束之高阁。教材内容是教育者和受教育者据以进行教育活动的材料，是课程的物化形态。因此，课程难度最终便具体化和详细化为教材内容难度。可以说，教材内容难度是课程难度的外在表现。

由于体育教材内容来源广泛，且学科发展不成熟，我们对体育知识、健身方法、运动技能的难度知之甚少，对为什么要先教这个知识点，后教另一个知识点缺乏研究，甚至长时间以来片面地将"非阶梯性""非逻辑性"当作体育教材内容特性，认为不同的体育教材内容之间是并列关系，不存在先后、难易、高低的逻辑关系。教材内容是课程内容的承载物，课程难度是客观存在的，教材内容难度也应是客观存在的，体育教材内容同其他学科一样存在难度，只有存在难度才能促进学生对体育与健康知识、技能的掌握，才能促进学生健康发展，学校体育才能摆脱"蹦蹦跳跳、不上纲要"的尴尬地位。

二 课程难度促使学生发展原理

发展是一哲学名词，指事物由小到大、由简到繁、由低级到高级、由旧质到新质的变化过程[①]。难度从哲学意义上说，是一事物

---

① 夏征农：《辞海》，上海辞书出版社2002年版，第880页。

在与其他事物相互作用的发展中，从简单到复杂、由低级到高级的质与量相统一的动态进程[1]。这两个概念相对比发现，没有难度就没有发展，要发展必须通过难度。那么，难度是怎么促进学生发展的呢？人面对外界环境的刺激并不是无能为力的，而是能动的。这种能动作用是基于自身生理、心理等要素构成的结构。例如，对于一个儿童来说，个子高、体质强，球感好，身体和心理具有篮球运动员的先天条件，那么这种身体、心理结构就有助于他学习篮球技能。人自身内在结构所客观具有的、有利于自身变化发展的功用和效能就称为人发展的动态预应力[2]。人类仅具有这种先天的预应力还不能促进自身发展，还需要外界的刺激，外界的刺激这里可以用"难度"来描述，恰当的"难度"促使人潜能的挖掘，智慧的开发，使学生原本的身体、心理组成的动态预应力得到发展，而在新层次水平上的动态预应力又可以接受更大的"难度"，依次形成良性循环，促进学生健康发展。

课程难度理论虽然作为一种理论提炼出来，但在体育学科中并不陌生，运动生理学中的超量恢复原理也可以用来解释课程难度理论。超量恢复[3]是人体在运动后的恢复过程中，体内被消耗的能量物质（ATP、蛋白质、糖和无机盐等）不仅能恢复到运动前的原有水平，而且在一段时间内可出现超过原有水平的现象。超量恢复是客观存在的规律，其生理机制十分复杂，本研究无意探讨。但是该理论说明在一定的生理范围内，外界给予负荷（这里的负荷可以理解为难度）越大，人体机能反应也越强烈，能量消耗的也越多，引起的超量恢复越明显，锻炼或训练效果就越好。超量恢复理论和课程难度都是具有驱动力的外界负荷作用于身体、心理所构成的立体结构，而立体结构本身具有的动态预应力

---

[1] 黄甫全：《阶梯型课程引论》，贵州人民出版社1996年版，第16页。
[2] 同上书，第90页。
[3] http://baike.baidu.com/view/2517990.htm? fr = aladdin.

不仅具有抗负荷能力，而且通过外界负荷刺激反过来促使身体、心理发展，从教育的角度说就是达成教育目标。

超量恢复原理揭示了运动负荷要适宜，如果负荷过小，则对身体刺激不够，锻炼效果差；如果负荷过大，超出生理极限，则将会伤害身体，甚至影响健康和运动寿命。同样，课程难度也是如此，课程难度太高，学生学习起来感到力不从心，课程难度太低，学习失去学习的动力，只有课程难度与当前学生能力相吻合，即在维果斯基所说的"最近发展区"里，才能促使学生更好更快地发展。

三 课程难度理论对体育教材内容排列启示

（一）课程难度理论为从难易度视角排列体育教材内容提供理论依据

课程难度理论对体育教材内容排列具有重要的指导意义，它揭示了体育教材内容排列应当随着学生年龄增长，按照体育教材内容的难度在依次演进的课时、单元、学年、水平、学段逐级由简单到复杂、由低级到高级地排列，从而使学习者循序渐进地拾级而上，不断发展与进步。对体育教材内容科学、合理排列的一个重要依据就是教材内容的难度，这样才能决定教材内容排列过程中每个阶段应该安排哪些知识点，安排多少知识点，以什么样的进度和顺序来安排这些知识点。

课程难度理论强调依据难易度安排教材内容，学习理论强调依据层级结构中教材内容之间相互关联安排教材内容，但两者并不矛盾。虽然难易度不同的教材内容之间不一定存在先决条件关系，但存在先决条件关系教材内容之间，一般来说，处于先决条件的在难度上要低于上位的教材内容，从排列的角度应该优先呈现。

（二）体育教材内容难度分析

课程难度理论为体育教材内容排列提供了理论依据，那么对体育教材内容难度具体体现在哪里，判断难度的标准是什么等问题就成为研究的关键点和难点。美国运动心理学家金泰尔依据"操作的环境背景特征"和"表征技能的动作功能"两个维度对动作技能进行了分类,形成了一个由十六种技能类型构成的相对庞大的分类系统(见表4—1)。金泰尔指出,每个技能类别所涉及的变量数量和特征各不相同,因此对操作者的要求也有所区别。技能对操作者的要求越少,说明技能越简单;对操作者要求越多,说明技能越复杂。从表4-1中可以看出,技能类别左边最上一栏内的技能最简单,而右边最下一栏内的技能最复杂,也就是说,表中的技能分类从最左边的上端到最右边的底端有一个复杂性逐渐递增的趋势。该分类结果和分类的标准为体育教师进行教材内容难易度判断提供了有效的参考,体育教师可以依照"操作的环境背景特征"和"表征技能的动作功能"两个维度,甚至可以直接对照表4-1,区分现有的体育教材内容难易度。一旦鉴别出体育教材内容的难度,体育教师就可以循序渐进地对体育教材内容制订一个由简单到复杂、由易到难、由简到繁的教学计划。

表4-1　　　　　　　　金泰尔动作技能分类法

环境背景	动作功能			
	身体稳定性		身体移动	
	无操纵	操纵	无操纵	操纵
固定调节条件、无尝试间变化	1A 身体稳定 无操纵 调节条件固定 无尝试间变化 原地徒手胸前传球 原地徒手运球 徒手练习篮球罚篮	1B 身体稳定 操纵 调节条件固定 无尝试间变化 原地持球胸前传球 原地持球运球 持球篮球罚篮投篮	1C 身体移动 无操纵 调节条件固定 无尝试间变化 行进间徒手传球 徒手练习一种篮球行进间运球数次 徒手行进间投篮	1D 身体移动 操纵 调节条件固定 无尝试间变化 行进间胸前传球 持球练习一种篮球的突破动作数次 行进间急停跳球

续表

环境背景	动作功能			
	身体稳定性		身体移动	
	无操纵	操纵	无操纵	操纵
固定调节条件、存在尝试间变化	2A 身体稳定 无操纵 调节条件固定 存在尝试间变化 原地徒手高低、前后、左右运球 原地徒手远近、左右传球 原地变换不同区域徒手投篮	2B 身体稳定 操纵 调节条件固定 存在尝试间变化 原地高低、前后、左右运球 原地远近、左右传球 原地变换不同区域投篮	2C 身体移动 无操纵 调节条件固定 存在尝试间变化 行进间徒手高低、前后、左右运球 行进间徒手远近、左右传球 行进间徒手变换不同区域投篮	2D 身体移动 操纵 调节条件固定 存在尝试间变化 行进间高低、前后、左右运球 行进间远近、左右传球 行进间变换不同区域投篮
运动调节条件、无尝试间变化	3A 身体稳定 无操纵 调节条件运动 无尝试间变化 徒手投篮，加防守 徒手练习传球给行进间的球员数次，球员行进路线相同 徒手运球，加防守	3B 身体稳定 操纵 调节条件运动 无尝试间变化 徒手投篮，加防守 徒手练习传球给行进间的球员数次，球员行进路线相同 徒手运球，加防守	3C 身体移动 无操纵 调节条件运动 无尝试间变化 行进间徒手投篮，加防守 行进间徒手传球给行进间的球员数次，球员行进路线相同 行进间徒手运球，加防守	3D 身体移动 操纵 调节条件运动 无尝试间变化 行进间投篮，加防守 行进间练习传球给行进间的球员数次，球员行进路线相同 行进间运球，加防守

续表

环境背景	动作功能			
	身体稳定性		身体移动	
	无操纵	操纵	无操纵	操纵
运动调节条件、存在尝试间变化	4A 身体稳定 无操纵 调节条件运动 存在尝试间变化 坐在行驶的汽车中徒手练习传球给行进间的球员数次，球员行进间路线不同	3B 身体稳定 操纵 调节条件运动 存在尝试间变化 抱着小孩坐在行驶的汽车中接发球机不同速度的投球	4C 身体移动 无操纵 调节条件运动 存在尝试间变化 行走在行人拥挤的商业街上 无球练习多种带球行进（足球）加防守	4D 身体移动 操纵 调节条件运动 存在尝试间变化 抱着小孩行走在行人拥挤的商业街上 有球练习多种带球行进加防守

资料来源：Richard A. Magill：《运动技能学习与控制》，张忠秋译，中国轻工业出版2006年版，第12页。

第三节　人类动作发展理论

动作发展是"研究人类一生中动作行为的变化、构成这些变化的过程以及影响它们的因素"[1]。研究人一生中各个时期的动作能力与发展规律，不仅可以用于医学诊断，而且有助于帮助教师以这些证据为基础准备课程和活动，以推动学生高效地、系统地按可预见的发展顺序学习。换句话说，动作发展研究可以了解学生发展到哪个阶段，正常情况下将要发展到哪个阶段，对人们进行身体教育的工作会有莫大好处。

---

[1] Payne V. G., Isaacs L. D., *Human motor development: A lifespan approach* (5th ed), 2002, New York: McGraw-Hill.

一 人类动作发展理论主要观点

（一）动作发展依照一定顺序

人类动作发展研究表明，人类许多动作的发展顺序具有相当高的可预见性。例如，人类先学会坐，再学会爬行，以后依次是站立、行走、奔跑、跳跃，先学会单一动作，再学会组合动作，最后学会复杂的串联动作甚至是自己创编、创新动作。即使某个动作也有稳定的发展顺序，例如，"人们知道多数儿童在学习单手投掷时最初不会向前迈一步；之后，他们迈出一步，但是迈出的腿和投掷的手在同侧；最终，经过教学和练习，他们将获得成熟的投掷动作模式，即向前迈步，并且迈出的腿和手是异侧的。[1]"《人类动作发展概论》中给出了一些操作技能的发展序列，包括投掷、接、踢、挥击，还给出了位移技能的发展序列，包括跑、跳等。

很明显，人类动作发展顺序的研究成果为体育教材内容排列提供了重要的参考。如果我们清楚地掌握了人类一生中不同阶段动作发展规律，我们就可以依照不同阶段人类最适合发展的动作来安排体育教材内容，这样既可以凸显阶段性特征也有利于阶段之间的连续性。如果我们清楚单个运动项目由哪些动作技术构成，加之了解动作技术的发展顺序，那么以此为依据对体育教材内容排列符合动作发展规律，有助于学生高效地、系统地学习与掌握运动技能。

（二）基本动作技能先行

基本动作技能分为位移技能，如跑；非位移技能，如扭转；以及操作技能，如投掷等。我们仔细分析发现，无论运动项目多么复杂，无论运动技术难度多高，都是这些基本动作技能的变形、组合，可以说这些基本动作技能是学生学习其他运动技能的基础。就

---

[1] Greg Payne、耿培新、梁国立：《人类动作发展概论》，人民教育出版社2008年版，第10页。

像语文学科中拼音、字、词等是听、说、读、写的基础，英语学科中字母、单词、语法等是阅读与写作的基础一样，体育学科中的基本动作技能对于有效学习、完成其他复杂动作具有至关重要的作用。Seefdldt 提出了动作熟练度发展序列模型（见图 4 - 3[①]），并提出"除非个体的多种基本动作技能都得到基本的发展，否则他们的动作技能水平将难以发展到'金字塔'中的高级水平——即达到运动、竞赛和舞蹈动作技能所要求的熟练度。"[②] 基本动作技能先行与累积学习理论强调基本知识、基本技能具有相同的观点。

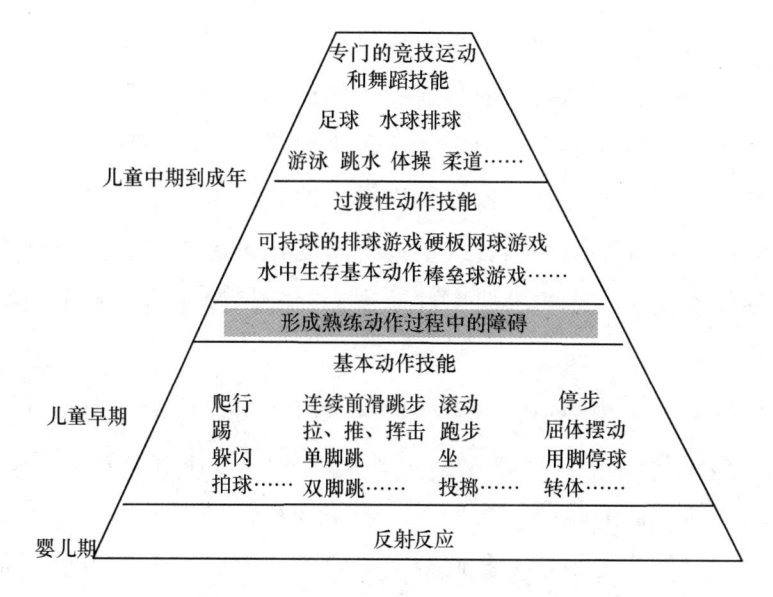

图 4 - 3 动作熟练度发展序列的模型

（三）由大肌肉群动作向精细动作发展

人类动作发展理论提出可以将动作分为大肌肉群动作与精细动作，大肌肉动作是指由身体的大肌肉或肌肉群产生的动作，包括行

[①] Greg Payne、耿培新、梁国立：《人类动作发展概论》，人民教育出版社 2008 年版，第 196 页。

[②] 同上书，第 195 页。

走、奔跑、跳和投掷。精细动作是指由身体的小肌肉或肌肉群产生的动作，包括画画、书写、缝纫和使用叉子、勺子和筷子这些进食用具。但是通常来说，大多数动作是由大肌肉群和小肌肉群共同产生的。例如，篮球投篮动作一般被看作大肌肉群动作，但是我们常常在高水平比赛中看到运动员身体失衡的状态下将球投进，起关键作用的是手腕和手指的精细动作。另外，我们常常将弹钢琴看作手指的精细动作，但是该动作离不开背部、肩部肌肉的支撑，也离不开四肢的移动。因此，一个动作的精确完成必须将大肌肉群动作与精细动作结合起来。

人类动作发展理论揭示了动作习得的发展顺序通常是由大肌肉动作开始，随着运动经验的积累和运动技能熟练度的改善，精细动作精确度逐渐增加。该结论对包含大肌肉群动作与精细动作组合的体育教材内容排列提供了依据和启示，即体育教材内容从不同学段衔接角度、从某个运动项目或某一技术动作学习角度，其排列都应遵循动作发展顺序先排大肌肉群动作，随着经验的增加逐渐编排精细动作。

这里需要说明的是：人类动作发展由大肌肉群动作向精细动作发展的规律与年龄有一定关系，这种关系主要体现在随着年龄增长，人类认知能力提高，有助于掌握精细动作。但是年龄并不是精细动作掌握的决定因素，我们常常看到一些少年儿童（包括专业运动员或非专业运动员）在舞蹈、体操、武术、乒乓球等项目中做出大量精细动作，但是对于没有经过学习的成年人来说很难做出这些精细动作。这说明年龄不是精细动作掌握的唯一因素，还取决于学生先前习得的个体经验与动作熟练程度。

二 人类动作发展理论原理

（一）人类动作发展符合身体发展顺序

人类的生长发育表现出由头到尾和由近及远两个方向，而动作发展也遵循着这两条原则。由头到尾是指人类生长和动作发展的进程是按从上到下的顺序，例如，新生儿或年幼的儿童，头部要比其他部位大，随着年龄增长躯干和四肢比例增大。同样的动作发展也是如此，儿童先会用手抓，再学会坐、爬，最后才会站、走和跑。由近及远是指生长和发展从身体中心区或中线向外围进行（如向下到脚趾，向外到手指尖）。动作发展也遵循由近及远的顺序，例如，一个能接住扔向身体中线球的儿童不一定能接住或较困难接住被扔到他们身体中线之外或任意一边的球。

（二）人类动作发展符合整合与分化规律

整合指的是身体各部分结构共同工作、相互协调的能力逐渐提高。在特别小的年龄，学龄前期或者甚至学龄早期，通常儿童都觉得协调双手完成这样的技能有困难。他们可能试图将放在球拍或球棒上的两只手分开，因为两只手放在一起不便于动作的操作与完成。然而，经过一些指导，随着成熟、经验和练习的增加，双手和双臂的整合协调就会改进。此外还有立定跳远时双臂和双腿整合能力的提高，不成熟的跳远者在向前起跳时经常不能协调他们的手臂以跳出更远的距离。事实上，他们也不能较好地整合双腿，一条腿比另一条腿向前的速度更快。从整合角度看，人类动作发展也是经历由简到繁、由易到难的过程。因此，整合是不同部位协调工作，其难度明显高于单一部位工作。其实，类似的例子在运动技能学习中比比皆是，网球用双手击球动作其难度要高于单手击球动作，主要是因为前者要求双手的协调配合。在儿童（成年人也存在）学习跳绳过程中，常常发现儿童双脚已经跳起但绳子还没摇到位置，这种时间差主要是由于上下肢不协调，即缺乏整合。另外，组合动作难度要高于单一动作其原理也是前者要求身体的整合。

分化是指某一动作的身体各部分开始承担它们在动作执行中更成熟的职责。婴儿在最初伸够是肩关节、手臂、手腕等一起发力，随着经验的增加、熟练度的提高，各部分逐渐协调整合，最终实现手指与其他部位的分化。分化概念的提出很好地解释了运动技能形成经过"泛化、分化、自动化"三个阶段。学习运动技能学习初期，即泛化阶段，参与动作的身体部位较多，往往出现身体僵化、多余动作。随着学习的进行，参与动作的身体各部分开始"各司其职"，并能逐渐协调配合，在整合与分化作用下，动作灵活、熟练，而且能量消耗小。

三　人类动作发展理论对体育教材内容排列启示

人类动作发展研究中许多研究成果对于体育教材内容排列具有重要的指导意义。体育教材内容排列依据人类动作发展相关理论，则有事半功倍的效果，脱离了甚至背离了相关理论则事倍功半甚至南辕北辙。例如，体育课堂中学生学习运动技术时往往感到吃力、困惑、缺乏学习兴趣，主要是因为这些标准的运动技术是为成年人设计的，是为高水平运动员设计的，是为这些高水平运动员在竞技场上争金夺银而精心打造的，其显著特征是科学性，要符合人体生理结构、生物力学等。而且这些技术是无数科研工作者经过长时间反复试验、反复测试、反复修改而研制的。如果我们忽视了这些动作的发展演变过程，直接将目光定格在高水平的动作上，那么显然违背了动作发展规律，学生学习起来就会感到困难，其做法无异于揠苗助长。这也解释了为什么许多学生学习困难甚至学不会，还有些学生学会了蹲踞式起跑的技术，但是运用蹲踞式起跑的速度反而不如站立式起跑速度快。

再如，动作发展理论认为动作发展是由大肌肉群动作向精细动作发展，这就要求体育教材内容排列时要先排大肌肉群动作，再排精细肌肉群动作。该原则也体现在具体运动项目中，例如，学习羽毛球击打高远球的挥拍动作，该动作需要转腰、转动肩关节、前臂内旋、手腕和手指发力，初学者重点关注的应该是腰部、肩部动作和前臂动作，随着时间的推移、经验的积累、熟练度的增加，开始关注发展手腕和手指动作，也由最初关注大肌肉群动作开始关注精细肌肉群的动作。同理，动作发展由头到尾、由近及远、整合与分化等规律不仅为动作学习提供了依据，还为判断动作难度提供了依据（远的动作难于近的动作、需多种协调动作难于单一动作等），这些都为体育教材内容排列提供了科学依据。

第四节　敏感期理论

一　敏感期理论及意义

所谓敏感期，就是发展的关键期。在儿童成长过程中，存在各种能力发展的敏感期，对于敏感期国内外学者都有介绍。我国古代教育名著《学记》中虽没有明确提出"敏感期"概念，但包含丰富的"敏感期"思想。《学记》中提到"当其可之谓时……时过然后学，则勤苦而难成"。意思是在最适合学习的时候不失时机地让学生学习叫作"抓住最佳学习时机"。如果错过了最佳学习时机才去学习，即使勤奋刻苦也难有成效。这里的"时"指的就是敏感期。

谈到敏感期就自然想到儿童心理、教育学家蒙特梭利，她认为"敏感期是自然赋予幼儿的生命助力，如果敏感期的内在需求受到妨碍而无法发展时，就会丧失学习的最佳时机，日后要想再学习此项事物，不仅要付出更大的心力和时间，而且成果也不显著"。所以，家长、学生、教师等与教育相关的工作者都应该对青少儿发展过程中的敏感期要有相当的了解。

上述是从理论上谈论敏感期，现实中也不乏错过与利用敏感期的典型案例。

第一，一旦错过敏感期，以后学习很困难。一个极端的例子就是印度狼孩，由于他们从小被狼养大，错过了语言、动作、感官等发育敏感期，长大后即使回到人类社会中也无法达到正常人发育水平。第二，相反，一旦在敏感期内学习，则可以取得事半功倍的效果。古诗中"乡音无改鬓毛衰"是最真实写照，儿时的乡音无论何时何地都留有痕迹难以改变，这也从另一个侧面说明敏感期的重要性。

二 体能素质敏感期原理

学龄期的青少儿正处在生长发育的旺盛时期，随着生长发育人体各个器官和系统的结构与机能日趋完善与成熟，各项体能素质也相应得到增长，这种随着年龄而增长的现象称为体能素质的自然增长[①]。青少儿体能素质的自然增长和运动能力的提高，是以人体各组织系统的形态、机能发育作为生物学基础，并受其生长发育的规律所支配的。而人体各器官、系统生长发育本身具有不平衡性和非同步性，而具有先后、快慢之分。例如，神经系统发育较早，呈现先快后慢的规律；淋巴系统在儿童期迅速生长，于青春前期达高峰，呈现慢快慢的规律。人体生长发育的不平衡性不仅体现在不同系统之间，即使对于某一系统内部来说也存在发育不平衡现象，例如，肌肉系统，一般来说躯干肌先于四肢肌，屈肌先于伸肌，上肢肌先于下肢肌，大块肌肉先于小肌肉的发育。8—9岁以后，肌肉发育的速度加快，力量逐渐增加。15岁以后，小肌肉群也迅速发育。15—18岁是躯干力量增长最快的时期。

体能素质自然增长又受身体各系统发育的影响和制约，故增长速度有快有慢、增长的顺序有先有后，过渡到稳定的阶段和出现高

---

① 《国家学生体质健康标准解读》编委会：《国家学生体质健康标准解读》，人民教育出版社2007年版，第210页。

峰的时间有早有晚。例如，在7—8岁时神经细胞的分化已基本完成，使儿童动作的精确性和协调性得到发展。而反应速度、灵敏和协调与神经系统联系密切，因此在这一时期发育提高较快。肌肉系统发育一般在11岁以后，力量素质的提高受肌肉系统发育影响与制约，因此力量素质发展的敏感期一般是13—17岁。

三 敏感期理论对体育教材内容排列启示

敏感期理论对体育教材内容排列的指导意义是毋庸置疑的。体育教材内容排列目的就是要通过科学合理的教材内容呈现顺序促进学生身心健康发展，此目的实现依赖于教材内容呈现的时机、顺序与学生身心发展敏感期相吻合。如果在体能素质发展敏感期内，安排合适的体育教材内容，可促进其组织器官功能的发展，充分发挥潜能，获得最佳效果，使学生终身受益。相反，不能在身体发育敏感期内通过教材内容施加恰当的外界刺激，体育教学往往劳而无功，甚至"勤苦而难成"。

了解作为不同身体素质基础的主导器官功能发展的时间顺序，就可以掌握各身体素质形态发展的敏感期，对训练做出科学的安排。[1] 然而敏感期理论只是提出了"敏感期"的概念，解释了敏感期的原理，现有研究多集中在婴幼儿各种能力发展敏感期，对于体能素质敏感期是谈得较多，但研究较少。依据体能素质发展敏感期排列体育教材内容的前提是准确找出体能素质发展的敏感期，这也是本书后续研究的一个重要任务。

第五节 小结

研究体育教材内容排列必须依托厚实的理论作为支撑，由于体

---

[1] 杨锡让：《实用运动生理学》，北京体育大学出版社2007年版，第268页。

育教材内容排列涉及影响因素多、时间跨度大、加之体育教材内容种类庞杂、特征迥异，因此无法用单一理论来指导十二年的体育教材内容排列。本书通过对文献资料的阅读和专家访谈，紧密结合落实《标准》的需要，将理论基础选定学习理论、人类动作发展理论、课程难度理论和敏感期理论。这里需要说明两点，一方面是理论基础名称不同，但主要理念是相融相通的，不是相互排斥的。例如，累积学习理论强调先决条件，而处于先决条件地位的教材内容从难度上较上位教材内容低，这与课程难度理论相吻合。累积学习理论强调层级结构中最下层的技能的重要性，这与动作发展理论强调"基本技能"相一致。另一方面，不同的理论基础并非同时指导所有类型排列，而是有所侧重。例如，敏感期理论重点指导体能类教材内容排列。

第 五 章

基于排列研究的体育教材内容分类

体育教材内容数量庞大、来自不同母体,在形态、特性、功能等方面差异很大,试图对所有教材内容采用同一种模式来排列是不现实的。因此,必须依据一定的标准对其进行分类,区别对待不同类教材内容。然而,体育教材内容分类一直是学校体育基础理论研究中一个悬而未决的难题,研究者虽进行大量工作,也不乏研究成果,但至今仍未有公认的分类标准和依据。本章研究体育教材内容分类本身不是目的,而是从排列研究的视角对体育教材内容进行分类,以期服务于体育教材内容排列研究工作。

第一节 体育教材内容分类回顾及启示

一 体育教材内容分类回顾

(一) 按人体基本活动能力分类

即按人类具有的走、跑、跳跃、投掷、攀登、爬越、悬垂、支撑、平衡、负重等基本活动能力,将丰富多彩的身体活动形态重新进行分类。这种分类方法不受运动项目的限制,便于组合内容及发展学生各种基本活动能力,比较适合低年级。其不足之处是与运动项目脱节,不利于对运动项目技术的学习,不易引起高年级学生对竞技运动的追求,使其缺乏运动的动机。其典型代表是2000年颁布的《九年义务教育全日制小学体育与健康教学大纲》在教材分类依据就是人体基本活动能力（见图5-1）。

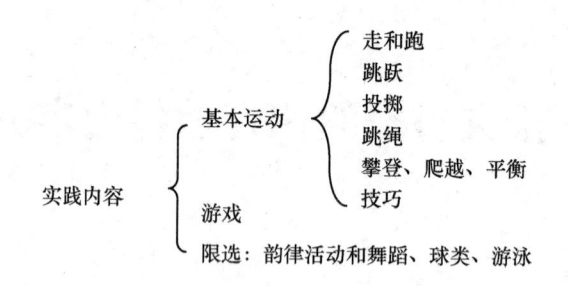

$$
实践内容\begin{cases} 基本运动\begin{cases} 走和跑 \\ 跳跃 \\ 投掷 \\ 跳绳 \\ 攀登、爬越、平衡 \\ 技巧 \end{cases} \\ 游戏 \\ 限选：韵律活动和舞蹈、球类、游泳 \end{cases}
$$

图5-1　2000年《九年义务教育全日制小学体育与健康教学大纲》小学一、二年级体育教学内容的分类

（二）依据身体素质（体适能）进行分类

即按与竞技能力相关的身体素质，如速度、力量、耐力、柔韧、灵敏，或按与健康相关的体能，如心肺耐力、柔韧性、肌肉力量、肌肉耐力、身体成分等，将各种各样的运动项目与身体练习重新分类。这种分类有助于帮助学生认识各种运动项目和身体练习对身体素质的关系，对于增强学生体质更具有针对性。但是许多运动项目和身体练习对身体素质的影响是多方面的，因此分类不够准确，同时对体育教材内容的文化特性体现不足。典型代表是1992年颁布的《九年义务教育全日制初级中学体育教学大纲》在体育教材内容的次级分类中采用了根据身体素质分类的方法（见图5-2）。

（三）根据运动项目进行分类

即按体育运动项目的类别，如球类、体操、田径、武术、体育舞蹈、冰雪运动、水上运动等，将各种各样的运动项目重新进行分类。这种分类有利于竞技运动内容的掌握和理解，提高学生运动技能。不足之处有：首先，造成一些民间民族传统运动项目、新兴运

$$\text{实践内容}\begin{cases}\text{田径}\\\text{体操}\\\text{发展身体素质练习}\begin{cases}\text{力量素质}\\\text{速度素质}\\\text{耐力素质}\\\text{灵敏素质}\\\text{柔韧素质}\end{cases}\\\text{球类}\\\text{韵律体操和舞蹈}\\\text{民族传统体育}\end{cases}$$

图 5-2 1992 年《九年义务教育全日制初级中学体育教学大纲》实践教学内容分类

动项目、非奥运动项目等很有价值的体育素材被排除在选择范围之外；其次，这种分类方式容易造成按运动训练模式进行教学，将运动技能作为体育教学的唯一目标；最后，这些只是在外部形态上对运动技能有区别，但是其教育价值、学习原理、健身功能等内在的、对体育教学目标影响更重要的方面没有体现出来。因此仅仅从外部形态上区别进行归类对理论研究与解决实践问题的意义都不是很大。该分类方法在 1996 年颁布《全日制普通高级中学体育教学大纲》中有所体现（见图 5-3）。

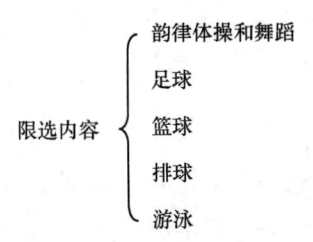

$$\text{限选内容}\begin{cases}\text{韵律体操和舞蹈}\\\text{足球}\\\text{篮球}\\\text{排球}\\\text{游泳}\end{cases}$$

图 5-3 1996 年《全日制普通高级中学体育教学大纲》限选教学内容分类

（四）综合交叉分类

即将若干种分类的方法结合起来运用，例如，1992 年颁布的

《九年义务教育全日制初级中学体育教学大纲》采取理论与实践、提高身体素质的练习和运动项目交叉综合分类的方法（见图5-4）。这种分类方法一方面能够反映不同年龄段的特点，另一方面有助于保持运动项目的系统性和身体锻炼的时效性。这种分类的主要缺陷在于"不是同一标准进行的分类"，违背了事物分类的基本原则。

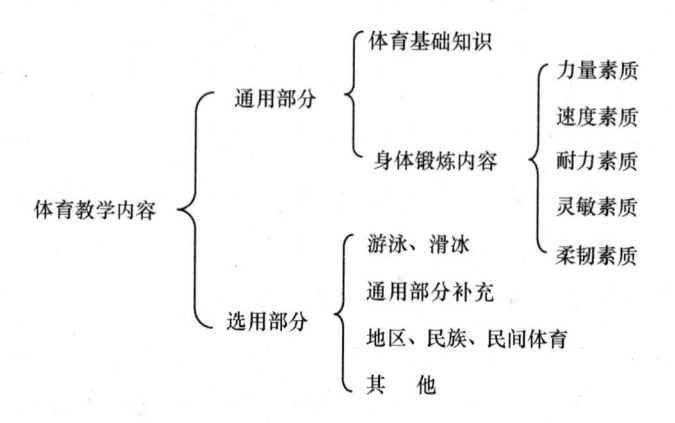

```
                        ┌ 体育基础知识    ┌ 力量素质
              ┌ 通用部分 ┤                ├ 速度素质
              │         └ 身体锻炼内容   ├ 耐力素质
体育教学内容 ┤                           ├ 灵敏素质
              │         ┌ 游泳、滑冰    └ 柔韧素质
              │         ├ 通用部分补充
              └ 选用部分 ┤
                        ├ 地区、民族、民间体育
                        └ 其 他
```

图5-4　1992年《九年义务教育体育教学大纲》初中体育教学内容的分类

（五）根据教材内容价值分类

它是以人为赋予的体育教学要达到的目的为依据进行分类的[①]。该分类方法也在实践中得到应用，典型代表是1994年由原国家教委职业技术教育司和学校体育卫生司共同编写的《全国中专学校体育通用教材》采用了该分类方法。该分类方法优势在于：第一，使学生明确学习每一种教材内容的目的，学习目的明确。例如，健身跑是为了增强体质；矫正体操是为了保健康复。第二，有利于打破以竞赛为目的的教材内容编排体系，使体育教学为学生体质、娱

---

① 毛振明：《体育教学论》，高等教育出版社2005年版，第185页。

乐、交往、康复等服务。第三，可以有效避免分类中出现子项兼容的交叉问题，理论上更具说服力。不足之处在于：该分类方法是"人为"地赋予各项教材内容价值，那么各项教材其价值本身是多样的，"人为"地将其划为某一类的做法不免武断。例如，将羽毛球、轮滑等归到余暇和交往中的体育手段与方法，在很多学校也是常见运动项目。而常见运动项目中的篮、排、足等当然也具有余暇和交往功能，三大球的起源最初就是为了满足人们休闲、娱乐的需要，对于余暇和人际交往也具有特殊功能。将三大球作为常见运动项目，排除在余暇和交往的体育手段与方法之外显然有悖情理，在学理上也难以成立。另外，该分类方法对学生学习运动技能的价值不大。

体育教学内容 {
  发展身体基本活动能力：跑、跳、投等单一（组合、综合）型练习方法
  增强体质的手段与方法：健身跑（走）、广播操、肌肉练习法
  常见运动项目的内容与方法：田径、篮、排、足、体操、武术
  余暇和交往中的体育手段与方法：台球、羽毛球、网球、轮滑、潜水等
  保健康复的体育手段与方法：矫正体操、太极拳、保健气功
}

图 5-5 《全国中专学校体育通用教材（1994 年）》体育教材内容分类

二　体育教材内容分类启示

（一）根据需要选择分类标准

分类是一种手段，其最终要服务于理论研究或实践工作需要，对体育教材内容进行分类首先考虑的是实践中要达成什么目的或理论研究有什么要求。例如，上述依据身体素质进行分类其目的是提高学生身体素质，依据人体基本活动能力进行分类目的是要使学生掌握基本活动能力，依据运动项目进行分类目的是突出强调掌握运动项目在体育教学中的地位……目的不同，其关注点也不尽相同，相应分类的标准和最终分类的结果也大相径庭。如上文所述，体育

教材内容从提高身体素质出发可分为速度、力量、耐力、柔韧、灵敏等；从提高身体活动能力出发可分为走、跑、跳、投、攀、爬、蹬等。还有的是根据理论研究需要进行分类，例如，有学者[①]从生命安全教育的视角将体育教材内容分为逃生技能类、珍爱生命类、生活安全类和运动安全类四大类，每一类又包含若干教材内容、处理方法、适合学习水平。虽然生命、安全与许多因素相关，体育只是其中的一个因素，甚至仅是一个很小的因素，从生命安全教育视角对教材内容分类难以成为指导学校体育改革与发展的主导分类方法，但是该分类方法有助于研究体育教材内容对于生命安全方面的贡献，以便指导实践教学。本研究是在实施《标准》背景下的体育教材内容排列，因此要从有利于落实《标准》提出的目标和方便对体育教材内容排列研究角度对其进行分类（见图5-5）。

（二）分类应符合教材内容本身属性与功能

分类的对象是体育教材内容，因此分类一定要建立在对体育教材内容特征充分研究的基础上，否则分类结果一定经不住推敲。任何运动项目都不是为教学而生的，通过改造后进入学校就不再是原来那个原生态、朴素的文化现象，而被赋予教育、健身、娱乐、交往等功能。值得注意的是，"人为"赋予体育教材内容的功能并不是随意臆想的，而是依据其本身的属性与功能。上文中提到分类要考虑其目的，目的是通过体育教材内容这个载体来达成的，因此分类时一定要从体育教材内容自身特征出发，充分分析体育教材内容能达成什么，不能达成什么，只有对体育教材内容特征、规律、功能等充分论证基础上的分类才经得起验证，也才能对实践和理论有作用。除上文论证1994年中专大纲分类"人为"痕迹明显外，还

---

① 孙学明：《生命安全教育视角下体育教材的分类和处理》，《中国学校体育》2009年第3期。

有学者[①]将体育教材内容分为"一体性项目"和"阶段性项目",前者是适合从小学到大学的各个学段学习的项目,后者只适合某个学段或某些年级学习,详见图5-6。该分类方法本意是想从教材内容本身特征出发将其分为大中小学一体性项目和某学段学习的阶段性项目,但是由于对教材内容本身研究不够,或者"人为"地赋予某些教材内容学习时间段造成分类不切实际。例如,阶段性项目中的健美操、跆拳道、体育舞蹈、网球等具有复杂性、趣味性、健身性等特征,显然也可以作为大中小学一体性项目。这些项目如果蜻蜓点水式的学习很难熟练掌握,更难领会其本身包含的教育价值。学生受学习时间和精力限制,不可能熟练掌握所有运动项目,对于不少学生来说,图中一体性的足球、篮球、排球、乒乓球、羽毛球和武术也可以浅尝辄止地体验一下,也不需要各个学段学习。因此,将这些教材内容分为一体性与阶段性的依据不充分,虽然本来想从教材内容特性去分析,但是这些特性不是教材内容本身具有而是外在"人为"赋予的,因此分类基础不牢固。

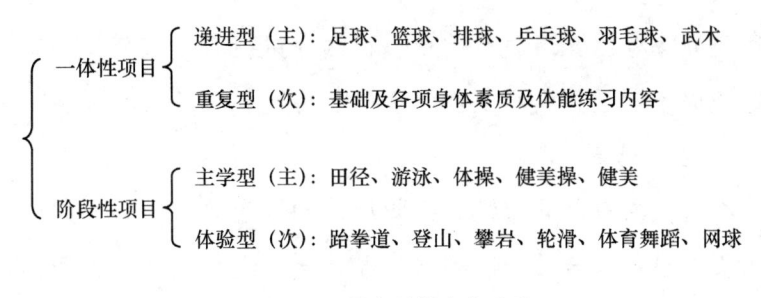

```
            ┌ 一体性项目 ┬ 递进型(主):足球、篮球、排球、乒乓球、羽毛球、武术
            │            └ 重复型(次):基础及各项身体素质及体能练习内容
            │
            └ 阶段性项目 ┬ 主学型(主):田径、游泳、体操、健美操、健美
                         └ 体验型(次):跆拳道、登山、攀岩、轮滑、体育舞蹈、网球
```

图5-6 横向教材内容分类

(三) 依据不同层次分类

体育教材内容分类是一个复杂、系统工程,涉及分类原则、教

---

① 赵翼虎:《体育实践教学内容体系研究》,《体育学刊》2007年第8期。

材内容属性、社会与个人发展需要、学校条件等多方面因素，想通过单一标准"毕其功于一役"的分类思维是不现实的。从历史经验和学者研究来看，体育教材内容分类可采取分层分类的方式，即先依据某一标准进行大类划分，继而在各大类内依据新的标准继续细分，例如上文提到的1992年颁布的《九年义务教育全日制初级中学体育教学大纲》。这种分层分类法可以达到以下两方面效果：第一，不易违背逻辑学的划分原则。逻辑学分类原则要求分类标准要统一，过去一些分类由于是违背了逻辑学分类标准统一的原则而被人诟病。但是标准统一的原则指的是在同一层级内，而不同层级之间标准可以不统一，只要大类划分的标准统一、各大类划分亚类时候可以依据新的标准，而且不同亚类内不同层级划分的标准又可以不统一。这样划分的标准更灵活，又不违背逻辑学分类原则。第二，可以对体育教材内容有效细分。体育教材内容浩如烟海，来源众多，其属性、功能、特征、学习规律与原理各不同，用单一标准对其进行一次划分是不现实的。先利用某一标准对其整体进行分类，再根据研究需要对各大类内容进行进一步细分，这样既可以满足多种研究需要，又可以对体育教材内容进行有效区分，还有利于清楚地把握不同教材内容属性、规律、特征、学习原理等。

（四）分类结果中不应再有同类项

分类就是将有共同属性、共同规律的内容放在一起。如果分类结果中仍然有可以合并的同类项，那么该分类是不彻底的和不合理的。例如，有学者[①]将以"教学目的"分类的方法中将运动实践内容分为：①为掌握运动项目技能的身体练习、②提高身体素质的身体练习、③提高基本活动能力的身体练习、④为掌握锻炼方法的身体练习、⑤为进行安全教育的身体练习、⑥为发展学生心理素质的

---

① 毛振明：《体育教学内容的分类方法》，《体育学刊》2002年第6期。

身体练习、⑦为培养行为规范体态的身体练习等。并提出根据需要还可以继续增加为社会性培养的内容……依据"教学目的"对体育教材内容分类是符合上文所说的根据需要出发的原则，但是分类的结果中不同类之间应该不能再合并同类项，因为分类就是为了让有相似规律的内容合并起来，否则分类的意义大打折扣。从《标准》划分的领域来看，仅对上述7个方面分析可以看出①和②③都是为达成运动技能领域内容，④和⑤⑦都是达成身体健康领域目的，而⑥和增加的为社会性培养的内容属于心理健康与社会适应领域目标。

第二节 体能类与技能类教材内容大类划分

本书研究的是体育教材内容排列，而体育教材内容数量庞大，因此首先要对其进行分类，找出不同体育教材内容之间的异同点，对其进行区别对待，这样便于把握不同类教材内容的特征与规律，有助于对其排列进行研究。本书将体育教材内容分为体能类与技能类两大类，理由如下。

一 落实《标准》的客观要求

体育教材内容排列研究最终要为一线体育教师教学工作服务的，而体育教学工作的依据是标准，最终也要落实《标准》。因此，本研究也要以《标准》为出发点和归宿，如果脱离或偏离《标准》，其研究成果不能为一线体育教学所用，那么也就失去研究的意义和价值。而《标准》十分强调体能的增强和运动技能的掌握，主要表现在以下几个方面。

（一）学生体质健康下降和《决定》颁布是《标准》研制背景

《标准》首先在前言部分对课程改革的背景进行了描述：近二

十多年来，我国青少年学生体质健康水平的持续下降，已经引起了国家和社会的高度关注。体育与健康课程是增进学生健康的重要途径，对于提高全民族的健康素质具有重要而深远的意义。《普通高中体育与健康课程标准（实验）》在前言部分谈道："《中共中央国务院关于深化教育改革全面推进素质教育的决定》指出：'学校教育要树立健康第一的指导思想，切实加强体育工作，使学生掌握基本的运动技能，养成锻炼身体的良好习惯。'"可以说，学生体质健康水平下降与落实《决定》是体育与健康课程改革的主要背景，增进学生体质健康与掌握运动技能的重要性在《标准》研制的背景中已经得到充分的描述。

（二）改善体能与掌握运动技能体现出体育与健康课程性质

体育学科与其他学科种差在于"体"，即身体练习为主要手段。体育学科的教育价值首先表现在身体方面，并由此派生。因此，《标准》在对体育课程性质描述时十分强调"以身体练习为主要手段"，那么身体练习包括哪些呢？季浏教授给出解释与说明："本门课程强调的'身体练习'，主要指运动技术技能的学习、体能的练习和体育游戏活动。"[①]《标准》在对健身性解释中强调"提高体能和运动技能水平，促进学生健康成长"。可以说，只有强调增强体能与掌握运动技能才能体现体育与健康课程特有性质，也是落实《标准》的必由之路。

（三）改善体能与掌握运动技能内涵于课程基本理念

理念"是理性化的想法，是客观事实的本质性反映，是事物内性的外在表征"[②]。人们可以通过理念的外在表述来理解事物内在含义。《标准》在对课程基本理念"坚持健康第一的指导思想，促进

[①] 季浏：《〈义务教育体育与健康课程标准〉修订说明与分析（一）——课程名称与前言部分》，《中国学校体育》2012年第3期。

[②] http://baike.baidu.com/view/65647.htm。

学生健康成长"解释中强调"通过体育与健康课程的教学，使学生掌握运动技能，发展体能……"而高中版的《标准》在对课程基本理念"注重学生运动爱好和专长的形成，奠定学生终身体育的基础"的解释中强调"……以全面发展体能和提高所学的运动技能水平……"可以说，体能改善与运动技能学习内含于《标准》对课程基本理念的规定。

（四）改善体能与掌握运动技能是实现课程目标主要途径

《标准》在课程目标中提出"通过课程的学习，学生将掌握体育与健康的基础知识、基本技能与方法，增强体能；学会学习和锻炼，发展体育与健康实践和创新能力；体验运动的乐趣和成果，养成体育锻炼的习惯；发展良好的心理品质、合作与交往能力；提高自觉维护健康的意识，基本形成健康的生活方式和积极进取、乐观开朗的人生态度"。从宏观层面讲，对体育教材内容选择具有直接指导意义的就是"……基础知识、基本技能与方法，增强体能"。因为"实践和创新能力、锻炼习惯、心理品质、生活方式和人生态度"都是以具体体育教材内容为载体，在学习和运用教材内容的过程中培养的。那么什么是基本知识、基本技能与方法呢？《标准》中没有给出答案，相关解读中也没有给予说明。我们可以从领域目标中对课程总目标分析，《标准》将课程分为运动参与、运动技能、身体健康、心理健康与社会适应四个领域，运动参与领域目标是：参与体育学习和锻炼；体验运动乐趣与成功。运动技能领域目标是学习体育运动知识；掌握运动技能和方法；增强安全意识和防范能力；身体健康领域目标是掌握基本保健知识和方法；塑造良好体型和身体姿态；全面发展体能与健身能力；提高适应自然环境的能力。心理健康与社会适应领域目标是培养坚强的意志品质；学会调控情绪的方法；形成合作意识与能力；具有良好的体育道德。从领域目标与课程总目标对比中发现，能体现总目标的基础知识、基本技能与方法的主要是运动技能领域和身体健康领域的目标。在运动技能领域中最能体现身体练习特征的目标要求是"掌握运动技能和方法",在身体健康领域最能体现身体练习特征的目标是"全面发展体能与健身能力"。可以说,将体育教材内容分为体能类与技能类有助于课程目标与领域目标的实现。

(五)改善体能与掌握运动技能是落实《标准》提出建议的客观要求

《标准》在教学、评价、教科书编写、课程资源开发与利用等几个方面给出了建议,在"教学建议"①部分提出"认真分析教材,选择和设计教学内容,提高学生的运动技能和体能水平"。"应在运动技能教学的同时,安排一定的时间,选择简便有效的练习内容,采用多种多样的方法,发展学生的体能。"在评价建议中将"体能""知识与技能的掌握与应用能力"作为评价内容。在教材编写建议中强调"教科书编写应强调体能与运动技能的健康价值,引导学生主动将所学的知识、技能和方法运用于体育学习和锻炼中……"②教学、评价、教科书编写、课程资源开发与利用是标准落实的具体环节,从《标准》给出各环节的建议中可以看出《标准》时时、处处强调学生运动技能的习得和体能的增强。

综上所述,《标准》中处处体现了增强体能与掌握运动技能的思想,在仔细研读与理解《标准》的基础上,从落实《标准》出发,将体育教材内容分为体能类与技能类不仅能够有助于《标准》的实施,而且也符合教材内容本身的功能与价值。

二 有助于学校体育政策法规的落实

2014 年 4 月 21 日教育部下发《学生体质健康监测评价办法》

---

① 中华人民共和国教育部制定:《义务教育体育与健康课程标准》(2011 版),北京师范大学出版社 2012 年版,第 43 页。

② 同上书,第 50 页。

《中小学校体育工作评估办法》《学校体育工作年度报告办法》三个文件。这套组合拳就是要以学生体质健康为主线，以学校体育教学改革为重点，以各地学校体育政策支持为保障，建立一套学校体育工作管理制度，其目标是落实十八大提出的"强化体育课和课外锻炼，促进青少年身心健康、体魄强健"。文件提出了具体操作性要求，在《学生体质健康监测评价办法》中强调："重点监测学生的身体形态、身体机能、身体素质和运动能力等方面情况及其变化趋势。"在《中小学校体育工作评估办法》中将学生体质健康作为评估学校体育工作的一级指标，将85%学生掌握至少两项体育技能作为一项重要二级指标。

此外，2007年5月颁布的《中共中央国务院关于加强青少年体育增强青少年体质的意见》提出："通过5年左右的时间，使我国青少年普遍达到国家体质健康的基本要求，耐力、力量、速度等体能素质明显提高。"2004年8月教育部颁布《"体育、艺术2+1项目"实施方案（试行）》提出"通过学校组织的课内外体育教育和艺术教育活动，让每个学生在九年义务教育阶段能够掌握两项体育运动技能和一项艺术特长，为学生的全面发展奠定良好的基础"。可以说，国家颁布的相关学校体育政策法规体现了提高学生体能与掌握运动技能的导向。

三　与体育考试改革内容相契合

2009年，天津市等地恢复实施将体育成绩纳入中考总分的措施，这样自1979年个别地区试行的中考体育考试制度经过30年的探索与研究，在全国得到全面落实。由于中考体育考试一般是在省级（自治区、直辖市）教育主管部门指导下，由市、区、县一级教育行政部门组织实施，因此在考试时间和分值、测试项目和方法上有所不同，但就测试项目而言，一般由体能和技能两部分组成。体能测试项目主要与《国家学生体质健康测试标准》紧密结合,包括1000米(男)、800米(女)、50米、掷实心球、仰卧起坐(女)、跳绳(1分钟)、引体向上(男)等,技能类测试包括篮球、排球、足球、体操、武术等项目[①]。

随着中考体育考试制度的完善与落实,体育进高考的话题也呼之欲出,教育部体育卫生与艺术教育司司长王登峰透露"在未来高考改革的一系列措施里,也将包括对学生体质和运动能力的要求,例如,对学生的学业水平评定将包括体育;对学生进行综合素质评定的20个项目中,体育的内容将占到5个。[②]"可以看出,将体育教材内容分为体能类与技能类是顺应体育考试内容改革趋势,也是进一步落实体育考试制度的有效途径。

四 体能类与技能类教材内容区别明显

体能类与技能类教材内容是依据教学目的划分的,但现实中是否存在增强体能类的身体练习与运动技能类的身体练习呢?或者说这些功能和属性是体育教材内容本身具有的还是"人为"赋予的呢?如果增强体能类教材内容和技能类教材内容确实存在差别,而且这种差别是客观存在的,只不过人为发现和利用,那么这种分类是合理的,反之是经不住推敲的。下面就对这个问题进行分析。

(一)从外部形态来看区别

从《标准》给出教材内容例子看,《标准》给出了达成水平一到水平四"掌握运动技能和方法"中部分教材内容例子,主要包括基本的身体活动动作和具体运动项目两部分,前者具体是指走、跑、跳、投、攀、爬、蹬等教材内容,后者具体是指体操、球类、

[①] 宋尽贤、廖文科:《中国学校体育30年(1979—2009)》,高等教育出版社2010年版,第191页。

[②] 慈鑫:《教育部提高学生体质不只靠长跑》,《中国青年报》2013年11月8日第4版。

游泳、冰雪活动、民族民间传统体育活动等运动项目。而人类基本活动能力是为运动项目的学习奠定基础，仅从学习与掌握运动技能来说人类基本活动能力是手段，运动项目是目的。因此，从宏观方面来说，技能类教材内容外部形态多表现为运动项目为主。

《标准》在"全面发展体能与健身能力"目标中给出的教材内容例子主要包括：锻炼柔韧性练习的方式：横叉、纵叉、仰卧推起成桥、握杆转肩、跪坐后躺下、坐位体前屈和立位体前屈握脚踝等。给出了灵敏性练习：8字跑、绕竿跑等灵敏性练习。提出通过50米跑、15秒快速跳绳等练习发展速度。通过立卧撑、纵跳摸高和斜身引体等练习发展力量。心肺耐力目标通过50米×8往返跑、定时有氧跑、校园定向越野比赛等。水平四提出通过多种运动项目全面发展体能与健身能力。从《标准》给出的教材内容案例可以看出，从外部形态来看，体能类教材内容外部形态多是单一或者组合动作为主。

体育教材内容虽然都是身体练习，但通过《标准》给出的技能类与体能类教材内容对比发现，两者在外部形态上有明显区别。前者多是完整的运动项目，后者多是单一或组合的身体练习；前者多是非周期性动作，后者多是周期性动作。从参与的人数来看，前者多由两人或两人以上共同参与，而后者多数可以单人完成。

(二) 从目的和教学重点看差别

将体育教材内容区分为体能类与技能类是依据达成的目的而言，前者目的是增强体能，后者目的是使学生掌握运动技能。目的不同，教学关注的重点就不同，体能类教材内容多属于"不在于深教，而在于常练"的内容，因此教学的重点不在于动作技能的标准、规范，甚至这些动作多是"不学就会"的内容，其教学重点在于提高学生体能和通过练习使学生掌握锻炼身体的方法、法则等。而技能类教材内容多包含较复杂的技战术，多属于"不学不会"的内容，因此教学的重点在于动作技术的掌握与运用能力。

（三）理论与实践中应该将两者区分开来

我们可以运用逆向思维假设体能类与技能类教材内容没有区别，如果没有区别就意味着两者可以混用甚至可以相互替代。相反，如果有实质区别就意味着两者不可以混用与替代。

先看看体能类教材内容是否能替代技能类教材内容。技能类教材内容是以具有一定规则的运动项目构成，这些运动项目多是起源于英国的绅士体育与户外运动，对于愉悦身心具有特殊的价值，国内外许多学者将其本质定为"游戏"[①]。相对于健身，身体处于发育期的学生参加各种运动项目直接动机更倾向于满足娱乐、休闲和人际交往等心理需求，技能类教材内容特征与其高度吻合，因此往往成为青少年参与体育锻炼的首选。体能类教材内容重心在于提高学生体能，多是采用一定负荷直接作用于身体，强调的是锻炼的手段、频率、负荷、法则等，对学生体能改善具有针对性，其效果显著。不足之处在于教材内容较为单一、枯燥，容易忽视学生的兴趣、爱好等心理因素。因此，如果简单地用体能类教材内容取代技能类教材内容难以满足学生对体育休闲、娱乐、人际交往等多样化的需求。

我们再来看看技能类教材内容是否能够替代体能类教材内容。对于健康来说，改善体能是全面的，只有体能各方面都处于良好状态，才能保持整个机体的健康。与健康相关的体能任何一方面出现问题，均有可能对身体的健康埋下隐患，或导致机体处于亚健康状态或者病态。体能类教材内容特征是针对性、全面性，人们可以"头痛治头、脚痛治脚"，依据身体实际情况而选择适合自己的体能类教材内容，培养学生科学健身素养。遗憾的是，目前尚未发现哪

[①] 谭华：《体育本质论》，四川科学技术出版社2008年版，第23—40页。

一项运动可以使身体各个部位都得到有效锻炼，因为每一个运动项目都有自己特点，对身体的刺激也有侧重点，例如，有学者[1]认为"各种运动都有优点和缺点，如慢跑的优点是可以按照自己的速度；节奏、负荷不变；缺点是不能对上肢锻炼；对柔韧和灵敏性不太有效果；也有报告说弹跳能力反而下降了"。从这个角度来说，技能类教材内容是无法替代体能类教材内容。

通过上述分析，我们可以回答最初提的问题，体能类教材内容和技能类教材内容是无法相互替代的，这是由两者本身功能和体育与健康课程目标决定的，这也进一步说明了体能类教材内容与技能类教材内容是有本质区别的，应该区分开来而不能混淆。

五　正确理解体育教材内容大类划分

（一）本书将体育教材内容划分为体能类与技能类，不同于田麦久教授项群理论对运动项目的划分

项群理论[2]是从提高运动员竞技能力主导因素出发，依据各个运动项目固有的特点，将运动项目分为体能主导类与技能主导类，体能主导类又分为快速力量性、速度性、耐力性三个项群；在技能主导类中有表现难美性、表现准确性、隔网对抗性、同场对抗性、格斗对抗性五个项群。而本研究将体育教材内容分为体能类与技能类是从教材内容达到的目标为出发点，体能类教材内容是为了达到增强学生体能的目标，技能类教材内容是为了使学生掌握1—2项终身受益的运动项目为目标，两种划分的名称相似，但内涵不同。

（二）两类教材内容是相辅相成，共同促进学生身心发展

由上述分析可以看出，划分为体能类教材内容与技能类教材内

---

[1] 池上晴夫：《适度运动与健康》，曲焕云、任锋译，科学出版社2006年版，第132—141页。

[2] 田麦久：《运动训练学》，人民体育出版2000年版，第29页。

容主要是从目标的角度出发，前者从改善学生体能和掌握科学锻炼方法目标出发，强调体育教材内容的针对性、全面性；后者从掌握运动技能目标出发，强调体育教材内容的系统性、多样性。需要强调的是：体能类教材内容与技能类教材内容并不是完全独立、互不相干的，它们之间是相辅相成、紧密相连的，体能类教材内容为技能类教材内容的学习奠定了体能的基础，技能类教材内容无形之中也有提高体能的客观效果。区分两者一方面是从研究的角度，另一方面也有助于各自目标的达成。

（三）本研究分类逻辑起点定位于体能改善与技能掌握的原因

本研究分类主要从《标准》中提出"体能的增强、运动技能的掌握"两方面目标为出发点的，但是这并不意味着这两方面目标是体育与健康课程的唯一目标，更不是终极目的。《标准》对原有大纲突破之一就在于不仅重视体育课程的生物性效果，而且强调"身、心、社"三维的健康观，提出了运动参与、运动技能、身体健康、心理健康与社会适应四方面目标。同时《标准解读》在对体育与健康课程性质作了以下说明："作为学校教育的重要组成部分，体育与健康课程还有一项重要任务，那就是促进学生全面发展。"[①]可以说，《标准》是十分重视发挥体育课程的育人功能。那么，本研究为何将逻辑起点或者说研究的出发点放在体能的增强、运动技能的掌握两个方面目标呢？主要原因如下。

第一，体能增强与运动技能掌握是最能体现学校体育特征的目标，是学校体育成为教育重要组成部分的立足点。教育部体卫艺司司长王登峰提出学校体育三个目标，"提高学生体质健康水平、提高学生运动技能水平和培养学生的健全人格"[②]。如果体育与健康课

[①] 杨文轩、季浏：《义务教育体育与健康课程标准（2011年版）解读》，高等教育出版社2012年版，第7页。

[②] 王登峰：《切实提高学生体质健康水平 努力实现学生全面发展目标》，《中国学校体育》2014年第1期。

程不能使学生达到增强体能与运动技能的目标，那么也就失去存在的意义和价值。因此，将体能增强与技能掌握作为研究的出发点是学校体育特征与目标的客观要求。

第二，学校体育对学生情感、态度、价值观等方面培养是通过体能练习与技能学习达成的，脱离运动实践学校体育无法发挥育人功能。只有学生体能得到改善、技能得到提高，学生才会体验到运动的乐趣、感受到运动的价值，学生才会形成运动的习惯与爱好，养成健康的生活方式，最终实现培养学生健全人格特征。

第三，学生情感、态度、价值观的培养与体育教师的教学艺术密切相关，与教材内容本身也有一定关系，但与学生学习教材内容的顺序关系不大。体操类培养学生挑战自我、田径类培养学生拼搏意志、武术使学生继承与创新民族文化、球类运动培养学生合作与竞争精神、体育舞蹈培养学生审美能力……这些教材内容对学生品质培养作用是毋庸置疑的，但教材内容对学生教育作用主要是体育教师应用与掌控教材内容的能力，是教师教学艺术的体现，和这些教材内容呈现的顺序关系不大。相反，体能类教材内容的练习质量与技能类教材内容的学习效果受排列顺序影响很大。排列研究的重点是教材内容呈现的次序，因此，本研究仅将体能练习与技能掌握作为研究范围的出发点，而忽略了体育与健康课程对学生其他方面的教育作用。

第三节　体能类与技能类教材内容亚类划分

一　体能类教材内容亚类划分

（一）体能类教材内容目的

1. 改善学生体能

体能不仅仅关系到人的运动水平，而且与人的健康、高质量的生活、工作、学习、休闲娱乐有密切的关系，同时还是判断体质健康水平的重要指标。当前学生体质健康（尤其体现在体能素质包含的耐力、爆发力、速度等指标）水平下降引起社会各界广泛关注和国家高度重视，十八届三中全会提出"强化体育课与课外体育锻炼"，这将学校体育地位提到前所未有的高度，最终目的就是"促进学生身心健康、体魄强健"。

改善学生体能，增强体质健康水平，首先要保证体育课的课时。2014年7月28日，教育部部长袁贵仁在"全国学校体育工作座谈会"上指出：在总课时减少的情况下，把小学三至六年级每周3节体育课提高为4节，高中每周2节提高到3节[①]。这是继2001年《义务教育课程设置实验方案》（教基〔2001〕28号）规定的"义务教育阶段体育（与健康）课占总课时10%—11%的比例，1—2年级体育课相当于每周4课时，3—6年级体育课和7—9年级体育与健康课相当于每周3课时"之后，再次提高体育课时比例。并且教育部在包括《关于保证中小学体育课课时的通知》等多部文件中强调"确保开足体育课"。依照国家文件规定，目前小学每周4节体育课，初中和高中每周3节体育课。因此，体育教学有责任、也有能力通过选择合理的教材内容，对学生身心给予适度的刺激，提高学生体能。

2. 掌握科学锻炼法则、培养体育科学素养

有意识地选取和利用合理的体能类教材内容，使学生掌握科学锻炼的法则、培养体育科学素养。在"健康第一"思想被广泛接受、深入人心的社会背景下，无论是青少儿还是成年人在一定程度上都具有渴望进行体育锻炼的动机。然而，当不少人在面对健身时忽然感到茫然而不知所措，因为摆在面前的是采取何种健身方式、

---

① 袁贵仁：《扎实抓好学校体育工作 提升学生体质健康水平》，《中国教育报》2014年7月30日第1版。

锻炼多长时间、锻炼时需要做哪些准备、锻炼后需要注意什么等一连串令人困惑的问题。为了更好地解决青少儿在校及毕业后科学锻炼的问题，《标准（2011版）》较实验稿在对体育与健康课程性质说明时增加了"以学习体育与健康知识、技能和方法为主要内容"。"授之以鱼、不如授之以渔"，让学生单纯提高体能素质，更应该让学生掌握提高体能素质的法则。在此目的下选择的体能类教材内容其学习重点既不在于动作本身，也不完全放在对体能素质锻炼上，而是将其作为典型范例，使学生掌握体育锻炼中如何科学地控制锻炼的频度、运动的强度、持续运动的时间，并选择恰当的体育锻炼方式等。学生经过十几年学校体育生涯，逐渐掌握科学锻炼的法则，最终形成科学锻炼的意识和素养。

不论是何种目的，其实教材内容是相似的，不同的是教学的侧重点，作为锻炼手段的体育教材内容侧重于对身体的刺激，对体能锻炼的效果。而作为范例的体育教材内容侧重于对学生锻炼的方法掌握。

（二）学界对体能的划分

"体能"一词是体育学科中的重点和高频词汇，广泛出现在体育学科各领域中，学界对其也有许多不同定义。2000年，《解放军体育学院学报》还曾发起过关于"体能"概念的专题讨论。当前主要代表性人物及定义有：季浏对"体能"定义为："体能也叫体适能，主要通过体育锻炼而获得，可分为与健康有关的体能和与动作技能有关的体能。前者包括心肺耐力、柔韧性、肌肉力量、肌肉耐力、身体成分等，后者是指从事运动所需的速度、力量、灵敏性、协调性、平衡和反应等。"[1] 香港学者钟伯光[2]认为体适能包括健康相关体适能和竞技运动相关体适能，良好的健康相关体适能可

---

[1] 季浏、胡增荦：《体育教育展望》，华东师范大学出版社2003年版，第102页。
[2] 钟伯光：《Keep fit手册》，香港博益出版集团有限公司出版1996年版，第11页。

让身体应付日常工作、余暇活动以及突发事情。运动相关体适能是可以确保运动员运动表现和成绩的能力，如爆发力、速度、耐力、柔韧、敏捷等，其目的在于取胜及创造纪录。台湾学者林正常认为，体适能因个人的需求不同分为竞技体适能和健康体能。竞技体适能主要包括：速度、反应、爆发力、协调性和灵敏性等素质，这是选手为在竞技比赛中夺取最佳成绩所追求的体适能；健康体适能主要包括：心血管耐力、体脂成分、肌力和肌肉耐力及柔韧性等素质。

  上述不同学者对"体能"定义在表述方式上虽有不同，但不约而同都将其分为健康体能和竞技体能。健康体能与人体健康密切相关，良好的健康体能使精力充沛，高质量地完成日常生活、工作和学习等活动，并有余力享受余暇时光与应付突发事件。而对于运动员或者对于普通竞技体育爱好者来说要提高竞技体能，以提高自己竞技能力来胜任竞争激烈的竞技体育比赛。这种分法从两种不同人群需求角度进行区分，有利于不同人群根据自己需要来关注自己的体能。但是两种体能又不是截然分开的，而是彼此联系、相互交织的：竞技体能中灵敏、柔韧与健康体能的灵敏与柔韧指的是同一个意思；竞技体能的爆发力、耐力是健康体能的肌力与肌肉耐力的提高。故有学者提出"与健康有关的和与动作技能有关的体能成分有重叠之处，例如，心肺耐力、肌肉力量、肌肉耐力、柔韧性和身体成分等体能成分无论是对健康还是对技能型要求较高的运动都是十分重要的"[①]。其实竞技体能与健康体能之间不仅存在重叠，还是紧密相连、相互促进的。健康体能可以为竞技体能奠定基础，如果恰当的、合理的提高竞技体能还有助于健康体能的巩固与提升。另外运动员也渴望健康，也需要健康体能，只不过由于运动竞赛要追求

[①] 季浏、胡增荦：《体育教育展望》，华东师范大学出版社2003年版，第102页。

更高、更快、更强，要追求超越自我，因此竞技体能比健康体能标准要求更高。对于青少年儿童来说，除关注自己健康体能外，更应该适当地锻炼竞技体能，为体验、感受追求超越自我的竞技运动奠定基础。综上所述，就学校体育而言，健康体能与竞技体能没有绝对的界限，有重叠之处，对学生来说都很重要。因此，本研究不采用将体能分为竞技体能与健康体能的方式。

(三) 体能类教材内容亚类划分

从目的来看，体能类教材内容细分与体能细分是一致的，学界对体能细分有较为一致的看法。不少研究者[1]将体能分为身体形态、身体机能、身体素质。《运动训练学》[2] 中也同样提出体能包括身体形态、身体机能和运动素质三个因素。《国家学生体质健康标准（2014 年修订）》是国家学校教育工作的基础性指导文件和教育质量基本标准，是国家对不同年龄阶段学生个体在体质健康方面的基本要求，是学生体质健康的个体评价标准。《国家学生体质健康标准（2014 年修订）》从身体形态、身体机能和身体素质三个方面综合评价学生体质健康发展水平。身体形态外部指标包括反映外部形态特征的指标有近 20 个，但从方便测试、又能体现学生体质健康状况，《国家学生体质健康标准（2014 年修订）》选取身高、体重、BMI 指数等指标。身体机能是指人的整体及其组成的各器官，系统所表现的生命活动，与体育活动密切相关的是心血管系统和呼吸系统，《国家学生体质健康标准（2014 年修订）》通过台阶试验和肺活量来体现心血管机能和肺通气功能。身体素质，通常指的是人体肌肉活动的基本能力，是人体各器官系统的机能在肌肉工作中的综合反映。身体素质一般包括力量、速度、耐力、灵敏、柔韧等，《国家学生体质健康标准（2014 年修订）》规定通过引体向上或仰

---

[1] 苟波、李之俊、高炳宏：《"体能"概念辨析》，《体育科研》2008 年第 2 期。
[2] 田麦久：《运动训练学》，人民体育出版社 2000 年版，第 184 页。

卧起坐、50米跑、台阶试验、50米×8往返跑、坐位体前屈分别体现上述身体素质。综合体能三个方面要素，也便于与国家学生体质健康测试接轨，本研究将体能细分为力量、速度、耐力、灵敏、柔韧、协调等素质。体能素质的每一亚类内又可依据需要选择一定标准继续细分，如力量可分为肌力和肌耐力，速度可分为反应速度、动作速度和位移速度，耐力可分为有氧耐力和无氧耐力等。选择体能类教材内容目的是提高相应体能服务的，相应的体能类教材内容亚类划分与体能素质亚类划分相一致，即可以分为力量类、速度类、耐力类、灵敏类、柔韧类、协调类等。

不同体能素质之间区别是显而易见的，同时也应看到不同体能素质之间是相互联系的。由于各种体能素质都是受身体器官系统支配的，没有任何一种体能素质是依赖于单一的器官或系统，都是在中枢神经统一支配下各器官系统的共同作用的结果。而不同的身体器官系统之间是相互协同、相互联系、相互影响的，因此体能素质之间并不是完全没有关系的，而是会发展迁移的，即发展一种素质可对其他类素质的发展产生影响。例如，发展下肢力量有助于位移速度提高；而灵敏素质本身就是多种素质的综合，相关素质的提高必然会使灵敏素质得到改善。应客观、全面理解体能素质之间的区别与联系，认识到区别为了更精确区分与辨别不同体能素质，提高理论研究与实践工作的针对性；看到联系为了使相似体能素质之间产生正迁移，形成合力共同提高体能。应避免以区别掩盖联系和看到联系而忽视区别的片面思维方式。

二 技能类教材内容亚类划分

千百年来，人类为了健身养生、休闲娱乐、祈福祭祀等目的创编了丰富多彩的、色彩斑斓的运动项目，这些运动项目是人类文明进展的成果，同时也成为人类社会不可或缺的文化现象，推动着人类社会的不断前进。这些运动项目数量庞大、种类繁多，经过选择、加工后可以进入学校成为体育教材内容。可以说原始的、朴素的运动技能是体育教材内容取之不尽的源泉，是后备军。对数量庞大的运动技能进行分类无疑是一项困难而庞大的工程，但是对未知领域的探索、对新兴问题的解决像"谜"一样吸引着无数的人为之探索。不少学者从运动技能学习与控制角度将运动技能分为封闭式与开放式两类，对于体育教材内容排列研究具有重要启发意义。

（一）国外学者对封闭式与开放式运动技能的定义

最早提出"开放性技能"的是美国运动心理学家鲍尔顿。1957年，他主张把人的运动技能分为开放性技能和闭锁式技能两类。这种分类法的依据是运动技能是否依赖于外界环境的变化而改变。之后，金泰尔从动作操作的环境背景的稳定性视角出发对其进一步完善，动作操作的环境背景主要包括调节条件和尝试间变化两方面。调节条件是指技能操作中必然存在并影响操作者运动特征的环境背景特征[1]，主要包括操作过程中的支撑面（例如路况）、目标和操作可能涉及的任何物体和其他人。在金泰尔分类法中一个区分动作技能的重要特征：在操作过程中调节条件是运动状态还是静止状态。前者技能被认为是开放性技能；后者被认为是封闭性技能。金泰尔分类法中环境背景的第二个特征是尝试间的变化。尝试间变化是指在操作过程中调节是保持不变还是在不同的操作间会发生变化。基于对调节条件和尝试间变化两方面的分析[2]，将封闭性动作技能定义为："指操作环境稳定或者可以预知，操作者可以控制动作开始时间的动作技能。"将开放性动作技能定义为："指操作环境不稳定、无法预知，操纵对象或操作背景处于运动状态，并且动作

---

[1] Richard A. Magill：《运动技能学习与控制》，张忠秋译，中国轻工业出版社2006年版，第11页。

[2] 同上书，第10页。

开始时间由外界条件决定的运动技能。"

(二) 国内学者对开放式与封闭式运动技能的引入与研究

杨锡让教授在1998年出版的《实用运动生理学》[①] 中将美国学者运动技能分为闭式技能与开式技能的分类引入国内。近年来越来越多的国内学者开始关注开放性运动技能与封闭性运动技能的分类方法，其代表性人物有张英波、柴娇和石岩。一般来说，开放式技能较封闭式技能更为复杂，因此对前者的研究较多。

张英波[②]依据执行动作技能过程中周围环境的稳定性和可预见性程度将动作技能分为"开式动作技能与闭式动作技能"。

柴娇[③]对封闭式与开放式运动技能学习原理进行了研究，认为封闭式运动学习经过以下三个阶段：外界技术信号刺激：听觉、视觉、知觉——本体认知：技术结构、技术特征——建立刺激连接反应：练习与强化。而开放式运动技能学习经过以下四个阶段：本体感知：对手、同伴意图，环境的感知、预判能力——环境外显特征：动作、器材的变化——本体决策：瞬时、合理的技术选择——本体应答行为：合理的动作技术。

美国坎纳绍州立大学终身教授石岩将开放性运动技能的特征总结为：运动员在做动作之前，不能事先决定下一个动作要怎么做，必须根据当时突如其来的外在刺激来决定下一个动作要怎么做。封闭性运动技能就是指运动员在做动作之前，能事先决定下一个动作要怎么做。[④]

纵观国内外学者对开放式运动技能与封闭式运动技能的说法有何不同，定义的角度有何差异，定义的维度有何区别，但达成共识

---

① 杨锡让：《实用运动生理学》，北京体育大学出版社1998年版，第186页。
② 张英波：《动作学习与控制》，北京体育大学出版社2011年版，第18页。
③ 柴娇：《开放式运动技能的教学内容设计研究》，《体育教学》2011年第5期。
④ 石岩、王冰：《开放式运动技能学习之道——王晋教授访谈录》，《体育学刊》2014年第3期。

的是：开放式运动技能与封闭式运动技能两者外在区别表现在前者的操作者不能事先决定下一个动作，而后者的每一个动作都可以由操作者事先决定；前者以多种分析器共同反馈信息，后者以本体感受器为主。两者内在区别或者造成外在区别的根源在于金泰尔提出"动作操作的环境背景"，前者操作环境背景时刻处于随机变化状态，而后者操作环境背景处于相对稳定状态。

（三）不同的环境背景造成了两种运动技能排列方式的差异

动作操作的环境背景不仅造成开放式运动技能与封闭式运动技能外在表现的差异，而且教材内容排列也会造成明显影响，这是因为：

加涅提出动作技能学习的内部条件包括部分技能的回忆和执行程序的回忆两部分。[1] 由于整套运动技能往往是一系列的动作组合，故对于完整的技能学习来说最重要的就是作为部分的动作技能依照一定的程序综合起来，这时执行程序就显得额外重要了。而执行程序即动作与动作之间联系的步骤是由操作环境背景决定的，操作环境背景体现最为明显差异的是封闭式运动技能与开放式运动技能。封闭式运动技能的执行性程序由于外界环境的稳定性可以由操作者事先决定，开放式运动技能的执行性程序由于受到外界环境的变化则无法由操作者事先决定，而执行性程序是动作技能学习必须掌握的先决条件之一，因此两类技能学习顺序也必定不同，必然影响两类技能教材内容教学顺序，即教材内容排列顺序。另外，学以致用，学习运动技能的目的是要在健身、竞赛等实践中应用，因此学习的环境应接近实践应用的环境，而封闭式技能与开放式技能应用的环境背景截然相反，继而两类技能学习的侧重点和顺序也大相径庭。

---

[1] 加涅、韦杰、戈勒斯，《教学设计原理》，王小明、庞维国、陈保华译，华东师范大学出版社2007年版，第244页。

本研究对运动技能进行分类是为了便于教材内容排列，教材内容排列是为了学生更轻松、更快捷掌握运动技能，可以说从根本上运动技能分类是为了学生运动技能学习。封闭式运动技能与开放式运动技能由于操作环境背景的不同而造成不同的学习方式，故本研究采用将运动技能分为封闭式与开放式两类。该分类方法符合加涅累积学习理论，符合运动技能本身特征，也有助于科学、合理地进行排列研究。

第四节　小结

新课改前体育教材内容分类的启示在于：根据需要选择分类标准；分类应符合教材内容本身属性与功能；依据不同层次分类；分类结果中不应再有同类项。本书将体育教材内容分为体能类和技能类两大类是体育教材内容特性的体现，是实施《标准》、落实《标准》的需要，有助于相关学校体育政策法规的落实，顺应体育考试改革趋势，更为本研究奠定了基础。

体能类又细分为力量类、速度类、耐力类、柔韧类、灵敏类、协调类，每一类体能素质都有自己发展敏感期，在敏感期内选择相应的教材内容对学生机体给予适度的刺激，可促使身体器官组织与体能素质充分发展，获得最佳效果。技能类教材内容目标是为了便于学生轻松、快捷地掌握运动技能，因此从运动技能学习与控制角度将其进一步分为开放式运动技能与封闭式运动技能。

第六章

体育教材内容排列模型与原理

模型[①]是研究对象的替代物,是系统或过程的简化、抽象和类比表示。可以将模型看作所研究的系统、过程、事物或概念的一种表达形式,这种表达形式可以是简单易懂的图形、符号、语言、样品等中的一种或几种组合,其目的是更好地将要表达的事物、概念、思维等描述与呈现出来。本书通过对不同类体育教材内容特征分析,依据相关理论基础,构建五种体育教材内容排列模型,以期将体育教材内容排列技术与原理表达出来,推动对该问题的后续深入研究。

第一节 技能类教材内容不同学段衔接排列

一 技能类教材内容不同学段衔接排列缘由

现实中常常听到大学体育教师抱怨大学给中学补课,而中学体育教师则认为小学阶段没有为中学阶段学习奠定好基础。文献中也时常看到学者们谈论体育教学中"蜻蜓点水""低水平重复"等现象。究其原因,教育部体育卫生与艺术教育司前司长杨贵仁指出"目前我们国家学校体育在教学中存在的问题:大中小学之间相脱

---

① 夏征农:《辞海》,上海辞书出版社2002年版,第2554页。

节，没有把十四年的教学过程作为一个整体进行研究"[1]。脱节是事物之间失掉联系，不相衔接。教材内容是体育教学的核心要素之一，不同学段（本研究指小学、初中、高中）之间体育教材内容的脱节是体育教学脱节内涵之一，最终导致两方面结果：一方面是体育教材内容低级重复、难度过低，无法引起学生兴趣，甚至厌倦体育课；另一方面是体育教材内容难度过高，学生学习困难，无法完成学习任务，加之外界监督与激励机制不够，不少学生选择了放弃体育课，远离了体育活动。总之，不同学段之间体育教材内容的脱节造成了体育教学有效性差，未能充分发挥促进学生身心健康发展的功能。

不同学段之间体育教学脱节问题已经引起学界高度重视，不少学者从体育课程衔接[2]、不同学段体育教学目标衔接[3]、教材内容衔接[4]等多个视角提出相应对策。视角虽有所不同，但目标一致，即实现不同学段之间的有序衔接。衔接是什么呢？《辞海》对其解释为："①事物首尾连接；②指用某个物体连接两个分开的物体。例句：大桥把两条公路衔接起；③后一事物与前一事物互相连接。例句：文章前后衔接颇好。"

学段之间衔接问题已引起教育学界关注，徐名滴[5]等人对其作了较为详细的解释："衔接是指不同年级的课程范围和顺序之间如何连接、如何顺利过渡。例如，从幼儿园到高中或更高年级，课程

---

[1]　陈国成：《大中小学体育教学衔接问题的研究》，《北京体育大学学报》2004年第8期。

[2]　毛振明：《对体育课程整体设计（大中小学课程衔接）的研究》，《北京体育大学学报》2002年第5期。

[3]　李树怡：《我国大、中、小学体育课程目标衔接问题的研究》，《上海体育学院学报》2004年第8期。

[4]　柴如鹤：《建构有效衔接的大中小学体育教材内容体系的必要性》，《体育学刊》2011年第6期。

[5]　徐名滴、高凌飚、冯增俊：《课程理论与课程设计》，广东教育出版社1991年版，第119页。

内容应怎么衔接才合适？如何使教师了解学生以前学过什么，现在应学些什么，将来还要学什么？从顺序来看，衔接意味着课程从一个年级过渡到下一个年级时不出现知识的断层或不必要的重复，这是垂直衔接；从范围来看，衔接又指所教学科与其他学科知识在同一水平上紧密联系，这是水平衔接。"

本部分通过对技能类教材内容科学、合理排列，试图避免学段之间体育教材内容低级重复或难度过大等脱节现象，实现学段之间有序衔接，即学生进入新的学段学习新内容时已有先前经验作为基础，新的学习内容又是原有经验的深入和提高，每阶段内容都在学生最近发展区内，学生在学段之间平稳过渡基础上运动技能得到稳步提升。

二 技能类教材内容不同学段衔接排列依据

研究需要厚实的理论作为支撑，否则研究结论经不起论证与检验。本书第四章"理论基础"部分为学段之间技能类教材内容排列提供了理论依据。首先，依据加涅累积学习理论，低学段的教材内容应该为高学段教材内容学习奠定基础，即前者处于先决条件的地位。也就是说小学学习内容应该为初中学习内容奠定基础，初中学习内容应该是高中学习内容的先前经验，各学段学习内容应该紧密相连而不是相互独立、互不相干。其次，动作发展理论和加涅累积学习理论都十分强调"基本技能"对后续学习的作用。这给技能类教材内容排列的启示是"基本技能先行"，探寻"基本技能"也是该部分任务之一。最后，课程难度理论强调由易到难、由简到繁的阶梯式教材内容排列，因此，难度低的教材内容应该处于整个阶梯下位的台阶，难度高的教材内容应该处于整个阶梯的上位台阶。教材内容的难度随着年级的上升应逐渐提高，使教材内容合理衔接。总之，累积学习理论、动作发展理论、难度理论对于实现学段之间有机衔接,避免知识的断层或脱节提供理论依据。

三 技能类教材内容不同学段衔接排列模型

(一)技能类教材内容不同学段衔接排列模型构建

技能类教材内容在不同学段之间衔接排列主要是指从小学到高中时间段的纵向排列,依据加涅累积学习理论、动作发展理论和课程难度理论,对教材内容排列必须找出先行的"基本技能",明确哪些教材内容之间存在先决条件关系,确定教材内容之间难易度。如果清楚了技能类教材内容纵向发展、演变过程,将有助于上述问题的回答。

首都体育学院李林[①]教授对身体练习分类的研究对本书具有重要启发意义。他在对先前分类进行总结的基础上,为了便于实践中体育课程的编制及教材开发,从身体练习的结构特点出发,根据身体练习的表现形态,将身体练习划分为单一动作结构的身体练习、组合动作结构的身体练习、活动性游戏和运动项目四大类,每一大类内部又可以根据其他分类标准进行进一步的划分。该研究虽然是从结构与表现形态对身体练习进行分类,但是分类结果一方面体现了教材内容纵向发展、演变的过程。例如,"篮球原地运球练习"可以看作一个单一动作结构的身体练习;如果加上"跑",就可变化成一个组合动作结构的身体练习——"行进间运球练习";如果再加入"比赛"的要素,就可以变化成一个活动性游戏——"行进间运球接力"或"运球追逐游戏";在此基础上,如果还加上一些动作如"投篮""传、接球"和规则上的要求,就变成了一个运动项目——"篮球运动"。另一方面体现了体育教材内容的逻辑性。逻辑性体现在不同体育教材内容之间先决条件关系和难易度两个方

[①] 李林:《体育课程核心内容——身体练习分类新探》,《体育教学》2011年第11期。

面。一般来说处于先决条件的教材内容其难度低于上位教材内容。但难度高低不同的教材内容之间不一定存在先决条件关系。从身体练习分类结果看，单一动作是学习组合动作的先决条件，组合动作是进行活动性游戏的先决条件，活动性游戏是学习运动项目的先决条件。从难度视角来说，排除学生年龄因素，组合动作要难于单一动作，运动项目难度高于活动性游戏。从基本技能来说，单一动作、组合动作是后续学习活动性游戏、运动项目的基本技能，这与在第四章提到 Seefdldt 的动作熟练度发展序列模型中单一动作、组合动作处于金字塔的塔基位置相吻合。

结合理论基础与李林提出的身体练习分类，不同学段之间体育教材内容排列可以依据以下思路。

排列技能类教材内容目的是便于学生科学、合理学习运动技能，最终落实《标准》提出学生熟练掌握一到两项运动技能的目标。由此我们可以倒推，从目标推导过程，在过程中推导链条的节点与起点。高中《标准》的基本理念之一是根据学生的需求和爱好加大运动技能学习的自主选择性，倡导减少运动技能学习的项目内容，以形成运动爱好和专长。那么高中阶段实施选项教学是落实《标准》的重要途径，选项教学意味着学校要开设不同运动项目供学生进行选择，这些运动项目按等级进行纵向排列以使学生循序渐进提高运动技能。初中阶段学习应为高中阶段学习奠定基础，依据加涅的累积学习理论，如果学生在进入高中进行选项学习之前，对所选择运动项目有过接触，有过体验，那么一方面学生就知道自己喜爱什么、擅长什么，就能相对客观、准确地选择自己适合的运动项目，减少选项时的盲目性和随意性；另一方面学生面对有过先前经验的教材内容时容易激发兴趣、快速进入学习角色。基于此，高中阶段选项教学对初中阶段教材内容提出了要求，即初中阶段体育课程要尽可能地开设多个运动项目，让学生了解多元运动文化，体验多项运动乐趣，以便为高中学生体育学习打下基础。初中学生学习运动项目又需要什么作为基础呢？运动项目一般是遵循一定规则或动作程序的不同动作技术的组合。因此，单一的动作、组合的动作和项目规则是运动项目学习的基础，也就是说要想在初中阶段学习相对成熟的运动项目，则要在小学阶段学会单一、组合动作和运动规则，并且能够在不同场合应用。

经过上述推导，不同学段的技能类教材内容重点基本浮出水面。小学阶段安排单一动作、组合动作、活动游戏（小足球、小篮球等），初中阶段让学生普修不同的运动项目，高中阶段让学生根据兴趣选择学习一到两项运动项目。这样，低年级为高年级学习奠定基础，学段之间紧密相连，有序衔接。基于此排列思路，构建技能类教材内容不同学段衔接排列模型，详见图6-1。

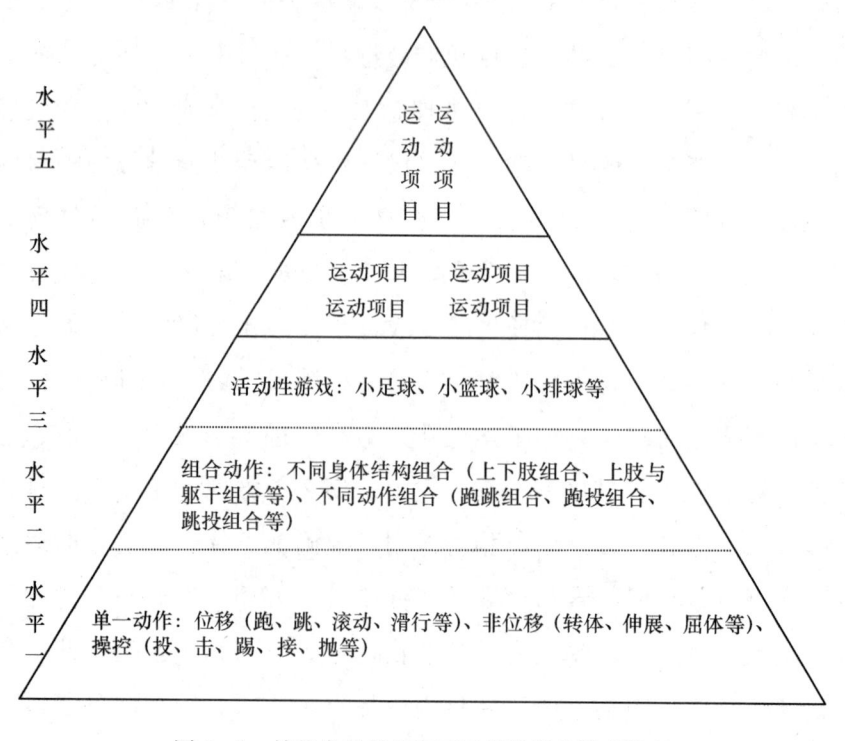

图6-1 技能类教材内容不同学段衔接排列模型

(二）技能类教材内容不同学段衔接排列思路评价

为了增加区分度，提高精确性，本书专家评议问卷均采用"(1)十分合理　(2)比较合理　(3)合理　(4)不太合理　(5)不合理"五级。对一线体育教师和教研员就该排列思路调查，调查结果见图 6-2。就"该思路能否解决学段间脱节问题"的回答见图 6-3。

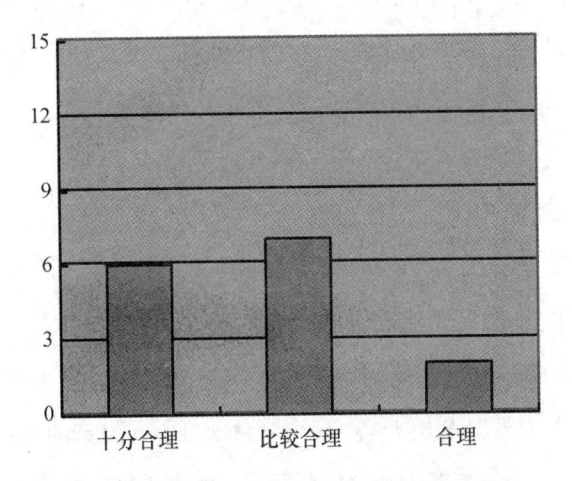

图 6-2　技能类教材内容学段间排列调查示意

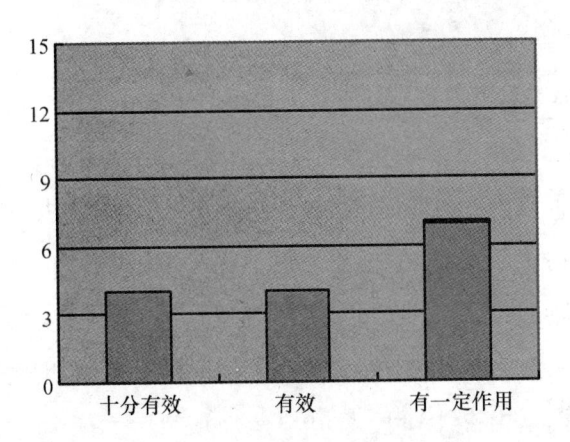

图 6-3　学段间排列对解决脱节问题调查示意

填写问卷专家对该思路进一步提出合理化建议："按照此思路编制一套较为明晰的教材内容大纲，供体育教师参考使用。目前课标中提供的内容范围过于粗放。""小学阶段以动作符号（单一的身体动作、组合身体动作）学习为主，重在发展学生的身体动作能力；初中阶段是以运动逻辑（运动项目）学习为主，对身体运动的逻辑规律进行必需的认识；高中阶段以应用意义（应用于健身、竞赛、娱乐休闲之中）学习为主，是将所掌握的运动技能应用于具体的实际操作之中，认识运动技能的价值和意义，进而形成良好的体育锻炼习惯。"还有学者对于学段之间脱节问题给予建议："体育教学不同学段之间脱节原因较多，单靠排列无法解决。""教材的衔接靠目标达成过程中的教材内容的具体和放大来实现。最主要的衔接在于从整个义务教育阶段体育教材内容的系列化，即内容的具体。"有学者对脱节问题提出自己的看法"其实在一线教学中不是内容排列脱节问题，而是欠债问题，小学该学的没学，影响到初中教学，到高中问题更大"。无论是学者对封闭式问题的选择还是对开放式问题自由回答，总体来看该模型得到一线教师和教研员的认可，对于解决实践中学段间脱节有一定的借鉴意义。

四 技能类教材内容不同学段衔接排列模型解读

（一）技能类教材内容不同学段衔接排列模型介绍

从模型可以看出小学阶段主要学习单一动作、组合动作和活动性游戏，为初中阶段学习完整运动项目奠定基础。模型中初中阶段四个"运动项目"横向平行描述欲表达这一阶段学生要学习运动项目多，为高中学习提供先前经验，这些运动项目彼此之间是横向并列关系。而模型中高中阶段两个"运动项目"垂直描述欲表达这一时期运动项目安排少，学生学习每个运动项目要逐渐提升运动水平。整个模型体现出《标准》倡导"从小学到高中运动项目学习逐渐减少，以熟练掌握一至两项终身受益的运动技能"的理念。这里需要说明小学阶段三个水平之间虚线欲表达三个水平之间所对应的教材内容界限并非泾渭分明，例如，水平一学习完跑、跳两个单一动作后可以接着学习跑和跳的组合动作，水平二在学习一些简单组合动作之后，加上一些规则也可以进行活动性游戏。模型中将水平一、水平二和水平三分别对应单一动作、组合动作和活动性游戏主要目的是想表达一方面随着年级晋升教材内容应体现出阶梯难度，另一方面体现出教材内容之间存在有机联系的先决条件关系。另外，单一动作、组合动作既包括一般基本运动能力，也包括具体运动项目中的简单或组合动作技能。

（二）模型有助于学段之间有序衔接

模型为避免学段之间教材内容脱节，实现有序衔接提供参考。首先，作为"基本技能"的单一动作、组合动作在整个金字塔的塔基位置，宽厚的塔基为后续运动技能学习与不断提高打下坚实的基础。其次，对于一般性体育教材内容来说，单一动作结构的身体练习又可细分为位移（跑、跳、滚动、滑行等）、非位移（转体、伸展、屈体等）、操控（投、击、踢、接、抛等）等。从难度视角看，非位移动作较位移动作容易，非操控动作较操控动作容易。组合动作结构的身体练习从难度视角又可细分为两个动作结构组合、两个以上动作结构组合，数量越多，动作本身复杂程度越高，其难度越大。活动性游戏和运动项目难度又高于单一或组合动作。整体来看，模型在不同学段的难度呈现明显阶梯型。最后，小学学习单一动作、组合动作、活动性游戏是初中阶段学习运动项目的先决条件；初中阶段粗学多种运动项目是高中阶段精学的"先前经验"。学段之间内容没有低水平重复，且联系紧密，难度适中，逐级提高。

（三）模型符合《标准》精神，有助于《标准》落实

《标准》采取目标引领内容的设计思路，改变过去大纲规定教

材内容的刚性管理，一线体育教师有了"教什么"的权利，这也是《标准》的一大突破。该模型对不同学段教材内容提出建议并非与《标准》强调的灵活性相违背。首先，"不以规矩，不能成方圆"，《标准》对教材内容并非完全放开，放开的是教材内容选择与开发权，而规定性体现在通过"目标"来监督与评价整个教学过程。其次，模型给出各学段的是某类教材内容，不是具体教材内容，教师权利丝毫未受影响，这一点与《标准》强调灵活性相一致。例如，学习"投"这个动作包括投准、投远、抛投、撇投、甩投等，不同地区、不同学校或者不同的教师可依据实际情况，发挥各自的聪明才智，积极选取和开发形式各异的教材内容。最后，模型中提供各学段教材内容类型体现了《标准》中各水平的"运动技能"领域目标，为教师选择与开发教材内容提供了依据，有助于《标准》的落实。

（四）模型有助于对精学类、简学类、介绍类教材内容重新理解

分层排列理论将体育教材内容分为精学类、简学类、介绍类和锻炼类，除锻炼类属于体能类教材内容之外，其他三类均属于技能类教材内容。该理论对教材内容进行了区分，不同类教材内容要求不同，安排的课时、进度、排列方式不同。例如，精学类目的是要让学生熟练掌握一到两项运动技能，宜采用充实螺旋式排列，即在多年级出现，用大单元进行教学（大循环与小循环多）。简学类目的是让学生初步学好一些项目，以便为终身体育实践打下深厚的基础，宜采用充实直线式排列，即只在某个年级用大单元进行教学（大循环少，小循环多）。介绍类目的是让学生了解与体验更多的运动技能，宜采用单薄直线式排列，即只在某个年级出现，用小单元进行教学（大循环与小循环少）。

该理论将教材内容分为精学、简学和介绍三类，并未给出统一

的分类标准,而是分别进行说明①:精学类是常见的、可行的、学生喜欢、教师能教、场地允许、与学校传统项目相结合的项目,如篮、排、足、武术等。粗学类是未来生活中学生可能遇到的、有必要具有一定基础的、教学条件允许的项目,如棒球、羽毛球、体育舞蹈、太极拳等。介绍类是没有必要掌握,但有必要让学生知道的或体验的运动文化和项目的有关知识,如高尔夫、台球、网球等。一线教师和有关学者面对这样的分类依据时仍然难以对某个具体项目进行归类,也难以对其进行对号入座式的排列,因为这些标准是在不断地变化,不能用刻舟求剑式的思维模式。以精学类标准评判网球为例,网球刚引入我国时被认为是贵族运动,占据较大的面积,很少有学校建设网球场,加上网球师资稀缺,十年前归入粗学类或介绍类是合情合理的。今天,各级各类学校建设网球场地已不再是新鲜事物,高校体育类专业几乎都开设有网球专项课,师资也不再是阻碍网球运动在学校开展的障碍,不知不觉,网球已进入"寻常百姓家"而不再是贵族运动。按照"学生喜爱、教师能教、场地允许"的标准,网球在许多学校中可以成为精学类教材内容。同理,还有被放在粗学类的羽毛球在许多学校可以归入精学类。显然,应该重新对三类教材内容理解与定位,也只有定位清楚才能有助于采取合理的排列方式。

  从技能类教材内容学段间排列模型中可以对三类教材内容有新的认识。高中阶段实施选项教学,目的是让学生熟练掌握一到两项终身受益的运动技能,显然高中阶段的教材内容属于精学类。当然,学校为学生提供的项目一定是符合"学生喜爱、教师能教、场地允许"的标准。精学类内容究竟是什么项目,这是因人而异,不能一概而论。如某高中开设了三大球、三小球、武术、健美操等选

---

① 毛振明:《体育教学论》,高等教育出版社2005年版,第218页。

项课，但对于选择篮球的学生而言，篮球就属于精学类教材内容，其他项目则不能归入精学类。同理，网球、羽毛球、太极拳等项目对于选项的学生来说应当属于精学类，理应按照精学类教材内容排列方式进行排列。初中阶段要尽可能多安排运动项目，这是由于学龄期学生不可能把所有运动项目都学精学透，为学生将来体育学习与实践打下基础，更为高中选项提供"先前经验"，因此在初中阶段，学生要尽量多地体验与了解不同运动项目。运动项目多，学生学习时间有限，只能采用在某个年级用大单元的形式出现。可以说，这些教材内容属于"师傅领进门，修行在个人"的粗学类。在小学阶段，学生受认知能力、身体发育条件等限制，难以对运动项目包括技战术原理、文化教育等有深刻的了解与认识，很难说精学与粗学。因此，在课堂中结合所学内容广泛介绍与讲授体育与健康知识，提高学生的知识广度与运动兴趣，这些内容应按照介绍类教材内容排列。

通过上述分析，我们不再武断地对某个运动项目进行归类，而是依据教材内容特征与目的按学段将其划分为小学内容属于介绍类、初中内容属于粗学类、高中内容属于精学类，这样教材内容设计者就十分清楚各阶段教材内容的排列方式。上述网球、羽毛球、太极拳等项目究竟如何归类的问题自然解决，如果在小学阶段开设就属于介绍类，如果在初中阶段讲授就属于粗学类，而在高中阶段选项就属于精学类，见图 6-4。

（五）模型体现了教材内容组织的逻辑顺序与心理顺序

教材内容组织分为逻辑顺序和心理顺序，前者是教材内容本身的内在联系或逻辑性，后者是按照学生心理发展的特点来组织教材内容。模型不仅从先决条件、难易度等方面体现出逻辑顺序，还兼顾到逻辑顺序与学生的心理顺序的统一，体现出鲜明的阶段性与连续性特征。小学阶段学生身体要全面发展、运动兴趣要多方面培

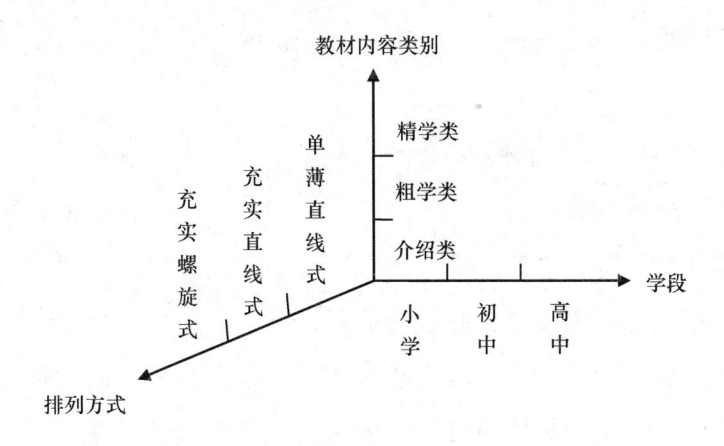

图 6-4 技能类教材内容不同学段排列方式

养，要学习和掌握单一动作和组合动作。这一时期儿童神经兴奋大于抑制，注意力集中时间较短，应接触多种技能和活动性游戏。初中之后，学生神经抑制与兴奋接近平衡，从认知角度来说到了皮亚杰所说的形式运算阶段，学生认知能力增加，可以学习正规运动项目，故初中阶段安排不同的运动项目作为体育教材内容。进入高中，学生神经抑制大于兴奋，集中注意力时间较长，学生对自己的运动爱好、特长等有了全面了解，可以较客观、科学地进行选项学习，故高中实施选项教学，同一项教材内容按层级安排在不同学期。总之，模型中各学段排列结构使教材内容的逻辑性与学生身心动态发展水平相吻合，能最有效地适应和促进学生的发展。相反，如果在小学阶段学习复杂的技战术显然不符合学生的认知能力、不符合学生身心发展特征；如果在高中阶段仍然学习单一、组合动作，进行简单的活动性游戏，那么显然难以满足学生对运动项目的需求。

第二节　封闭式运动技能排列

一　封闭式运动技能排列缘由

第五章"体育教材内容分类"中，对"为何将技能类体育教材内容分为封闭式与开放式"进行了说明与论证。封闭式运动技能是体育教材内容体系的重要组成部分，对于学生体能改善、基本活动能力的掌握、开放式运动技能的学习都起到重要基础性作用。在中小学体育课堂中常见的封闭式运动技能包括田径、体操、武术套路、健美操、游泳等，这些运动项目包含大量非操控性运动技能。从难易度视角看，由于非操控的运动技能较操控的运动技能难度低，因此封闭式运动技能不仅可以作为运动项目出现在初中阶段和高中阶段，而且还特别适合儿童身心发展特征，以各种形式出现在小学阶段。因此，如何通过科学、合理地对其排列，使学生顺利掌握封闭式运动技能不仅对学生整个学龄期体育学习有重要影响，还对未来体育实践有不容忽视的意义。

二　封闭式运动技能排列依据

加涅累积层级理论认为运动技能学习的内部先决条件分别是作为组成要素的"部分技能"和"执行程序"，由于封闭式运动技能是在稳定的环境背景下操作的，执行程序由操作者自己事先决定，因此先决条件重点不在于"执行程序"的习得，而在于如何学习"部分技能"。从排列视角看，学习"部分技能"可以从运动技能之间的先决条件关系和难易度两个方面入手。

（一）依据运动技能之间先决条件

在加涅的累积学习理论中知识结构在序列上极为严密，如果不掌握前一个结构就不可能进入下一个结构，不懂得前一个技能就难以学习后一个技能。在学习任何一项新运动技能前要事先掌握处于先决条件的运动技能，因而分析动作技能之间的先决条件关系至关重要。封闭式运动技能的整套动作是由若干"部分技能"组成，"部分技能"是整套动作学习的先决条件。而要学习每个"部分技能"又可以对其进行结构分解，依次前推寻找先决条件。对具体项目来说处于层级结构最下层的是基本技能和基本功。例如，对于武术来说，基本技能包括学会拳、掌、勾等手法和弓步、马步、仆步、虚步、歇步等步伐，基本功包括肩功、腰功、腿功等。处于层级结构下位的基本技能与基本功越扎实，以后上升的空间越大。这也与人类动作发展理论强调基本技能词异意同。

（二）依据动作技能之间难易程度

运动技能之间有先决条件关系的先排处于先决条件地位的教材内容，如果运动技能之间不存在先决条件关系，那么难易度就成为判断排列先后的重要指标。目前武术套路、健美操、体操、柔力球、游泳等运动项目相关部门已经制定了等级标准，尤其是针对中小学校，武术制定了中小学段位制，游泳制定了中小学的等级标准。等级标准的制定主要是依据难易度，各运动项目随着等级晋升而难度逐渐提高，只不过不同运动项目难易度指标不同。以武术为例，中国武术协会依据技术元素、动作数量、动作难度①三个方面，建立1—6段标准化段位技术体系。武术各拳种、器械均包含"打、踢、拿、靠、摔"五类技术元素，随着段位的增加技术元素也随之增加。例如，一段到五段包含技术元素分别是"打""打、踢""打、踢、拿""打、踢、拿、靠""打、踢、拿、靠、摔"，六段是五个技术要素综合。随着段位晋升动作数量也随之增加，以长拳为例，一到六段动作数量分别是14个、18个、22个、28个、38

---

① 国家体育总局武术研究院：《长拳》，高等教育出版社2010年版，第6页。

个、44个。动作难度是单个动作（或组合动作）的难易程度，一方面金泰尔二维运动技能分类法为分析动作难度提供了参考，另一方面同一技术元素在由低到高的段级中，是通过由基础到衍生、由简易到繁难的顺序来表现的。例如，"打"是武术运动中最为基本、简易和被广泛使用的技术元素，而"打"的技术由"冲、劈、推、撩、托、盖"等多种表现形式和向左、右、前、后等不同方位，由易到难的顺序，依次分为6份，分别编入1—6段。因此武术套路学习由易到难的级别是比较清晰的。竞技健美操难度动作技术特征主要体现在"发力技术、身体姿态控制技术和缓冲控制技术"[①]三个方面。其他项目等级标准也是依据难易度来制定，这里就不再一一作具体说明。

三 封闭式运动技能排列模型

（一）封闭式运动技能排列模型构建

综上所述，封闭式运动技能排列思路如下：为了使学生随着年龄增长，运动水平不断提高，教材内容首先依据运动项目等级标准从宏观上对其进行排列。在每一等级内按照动作之间先决条件关系和难易度进行再次排列。一般来说，各项目中的基本技能位于等级结构最下端，也是相对难度较低，应该优先排列。基于此排列思路，构建封闭式运动技能排列模型，见图6-5。

（二）封闭式运动技能排列模型评价

一线教师和教研员对该思路评价结果见图6-6，专家评议结果说明该排列思路对于封闭式运动技能排列有一定启发意义。有学者提出意见和建议："即使封闭式运动技能也应该进一步区分，例如，田径教学顺序与体操、武术又有所区别"，还有学者对难度提出更深

[①] 陈瑞琴：《健美操理论与实践创新》，北京体育大学出版社2011年版，第29页。

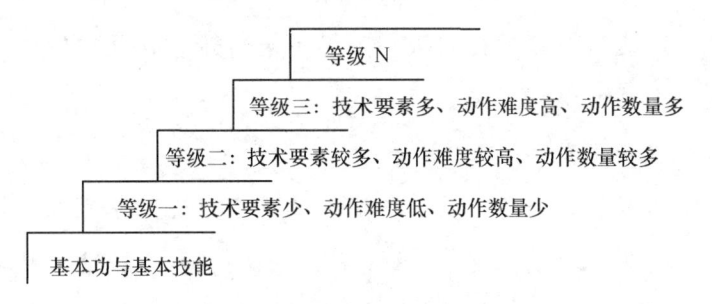

```
                    等级 N
              等级三：技术要素多、动作难度高、动作数量多
        等级二：技术要素较多、动作难度较高、动作数量较多
   等级一：技术要素少、动作难度低、动作数量少
基本功与基本技能
```

图 6-5　封闭式运动技能排列模型

一步的建议："同一个动作，完成标准不一样，难度就不一样，学习价值也不同。因此，问题的关键在于教材内容达成标准的制定。"

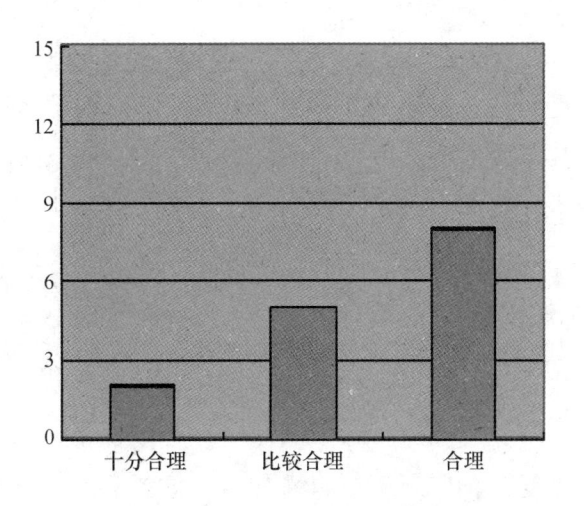

图 6-6　封闭式运动技能排列评价示意

四　封闭式运动技能排列模型解读

(一) 封闭式运动技能排列模型介绍

该模型的理论基础是加涅的累积学习理论、课程难度理论和动作发展理论。相关部门对常见封闭式运动技能划分了等级标准，经研究发现不同运动技能等级划分依据和结果与上述理论基础不谋而

合。模型中每一层级代表了运动技能不同等级，教学计划设计者可以对运动技能进行教材化后按不同等级进行排列，使学生运动技能水平逐级不断地得到提高。

（二）基本技能集中与分散排列

累积学习理论与动作发展理论强调基本技能的基础性作用，封闭式运动技能要求动作规范、标准，更加注重基本技能与基本功的学与练，模型中首先将其排列在第一层级。基本技能与基本功的练习是不间断的，对其追求也是无止境的，但不能等到基本技能学练到某种高度才进行完整运动技能的学习。因为无论对于普通中小学生还是专业运动员、无论是从学生身体适应角度还是从学习兴趣出发，都是不合理的。因此，应将学习基本技能放在开端，但是又不能长期集中时间学习、练习。鉴于基本技能对后续学习与运动技能掌握质量的重要性，可以将基本技能的学练分散在平时学习之前。总体来说，基本技能可采取先集中学习再分散学练相结合，以期为后续学习奠定扎实的基础。

（三）从排列方式来讲，封闭式运动技能符合直线式排列特征

封闭式运动技能不同等级中的"部分技能"是由相关专业人士创编的，这些"部分技能"基本上是不予重复的，组合起来的整套技能也是风格迥异、各不相同、区别明显，符合直线式排列"只学一次，不再重复"的特征，可以看作直线式排列。一般来说，直线式排列强调的是知识的量、关注的是知识的广度但容易忽视深度。例如，这学期学习少林拳、下一学期学习太极拳、另一个学期学习长拳……每一个拳种都是从初级学起，了解与体验拳种多，但每一种都浅尝辄止。而模型中不同等级之间的"部分技能"虽然不同，但属于同一领域范围，不同等级"部分技能"之间在难度上存在着递进关系。如武术段位制分别制定了长拳、太极拳等拳种的等级标准，健美操、体操的等级标准也是按照具体项目而制定的……不同

等级标准之间存在继续深入与提高的关系，因此模型中依照运动项目等级排列虽然具有直线排列特征，但是在深度方面得到提升。

（四）一线教师依然是封闭式运动技能排列主体

累积学习理论和动作发展理论在对封闭式运动技能排列时主要强调的是先决条件与基本技能先行，后续排列主要依据课程难度理论，即由浅入深、由简到繁、由易到难，符合学生认知规律。运动技能等级标准为教材内容水平循序渐进、逐级提高提供了框架。金泰尔二维分类法为我们分析难度提供了重要的标准。这可以看作封闭式运动技能排列原理与技术，为进一步细化排列提供了思路。但排列研究并不能到此结束，对于具体项目而言，"哪些是基本技能""哪些运动技能之间存在先决条件关系""不同运动技能之间难易度判断标准和表现形式是什么"等依然是科学、合理排列教材内容必须面对的问题。对这些问题的解答是一线教师和相关人员的权利和责任，他们必须充分利用自己经验与智慧，具体问题具体分析，对这些问题作出合理解答，最终为具体的封闭式运动技能设计出科学、合理的排列方案。

（五）由易到难和先难后易两种排列方式相结合

从难易度视角看，封闭式运动技能无论是等级晋升还是"部分技能"学习均是遵循由易到难、由简到繁的原则。就一套完整动作学习而言，一般是按照动作顺序依次学习。但通过对一些武术、健美操体育教师访谈中发现，有人认为依照规定动作顺序进行教学是合理的，但是实践中发现几乎每个套路中都有较难的动作，如果按照事先规定的顺序学习，到这个复杂的动作或动作组合时学生学习会非常困难，常常会因为高难度动作而影响到整套动作学习的流畅性。这些教师在经过长年教学中总结出来，应该先将整套动作中复杂的动作或动作组合教给学生，当学生熟练后再依照顺序进行学习。按照这种排列方式学生学习遇到困难时不至于不知所措，由于事先有了心理和技术上的准备，学习起来比较顺畅。这种先难后易的排列方式与前面提到的由易到难排列方式并不背离。由易到难是学习不同等级运动技能和学习单个动作技能时所遵循的原则，而先难后易是学习整套运动技能时先将高难度动作学习，这样有利于学习时动作之间的衔接与流畅。学习整套运动技能遵循先难后易原则其实也是符合加涅累积学习理论，因为学习一套完整运动技能的先决条件是掌握部分技能，而一套完整动作中难度较高的技能正是学生没有掌握的先决条件，因此应该事先进行学习。

第三节 开放式运动技能排列

一 开放式运动技能排列缘由

现阶段中小学体育课堂中常见的开放式运动技能有篮球、排球、足球、乒乓球、羽毛球、网球等球类项目，这些运动项目以竞争性、不确定性、休闲娱乐性、健身性等特性深受少年儿童喜爱，是技能类教材内容体系中不可或缺的重要组成部分。从运动技能学习角度看，开放式运动技能和封闭式运动技能有相似的地方，可以遵循其排列原理，但是由于开放式运动技能的操作背景是动态的、多变的，操作者无法按照预先制定的程序进行操作。从加涅对运动技能学习先决条件来看，不仅要关注"部分技能"的学习还要关注"执行程序"的学习，其学习较封闭式运动技能更为复杂，无法完全按照封闭式运动技能排列，有其自己独特的排列方式。如果照搬封闭式运动技能排列方式，极易出现学生虽然掌握"部分技能"但不能在竞赛中灵活应用的现象。因此，研究开放式运动技能排列技术与原理无疑具有重要的意义。

二 开放式运动技能排列依据

加涅的累积学习理论提出动作技能学习的先决条件是"部分技

能"和"执行程序",该理论适用于封闭式与开放式运动技能。下面分别对开放式运动技能"部分技能"和"执行程序"学习的理论依据进行具体分析。

(一)"部分技能"排列的理论依据

"部分技能"是千百年来人们对各项运动中如何使动作高效经济发挥作用总结、思考的结晶,具有科学化、标准化、规范化的特征,是一种客观存在,符合一般运动技能学习规律。因此,封闭式运动技能排列理论适用于开放式运动技能中"部分技能"的学习,体现在基本技能先行、层级结构中处于下位的先决条件技能先排、依照动作难易度先易后难顺序呈现,具体体现在:

1. 基本技能先行

累积学习理论和动作发展理论都十分强调基本技能的学习,无论是开放式还是封闭式运动技能都有其自身的基本技能,这些基本技能又可分为一般基本技能和专项基本技能。一般基本技能主要是指人体基本活动能力,走、跑、跳、投、挥击、抛接、攀爬、蹬等以及相应的组合动作,也就是上文提到小学低年级要学习与掌握的。一般基本技能掌握得越多、越熟练,学习其他运动技能(无论是开放式还是封闭式)就越容易。专项基本技能顾名思义,是每个项目自身的基本技能,例如,篮球的运球、传接球、投篮、步伐等、乒乓球的推、拉、搓、攻、步伐等,这些基本技能的掌握与熟练程度直接影响着后续技战术的学习与应用。

2. 按层级结构自下而上排列

在层级结构中下位技能与上位技能具有紧密关系,如果下位技能没有掌握或不熟练,将直接影响上位技能的学习,可以说下位技能是上位技能的先决条件。因此,在教材内容排列时应事先使学生掌握下位技能,即先排处于层级结构中的下位技能。如在第四章"理论基础"部分中学习"篮球三步上篮动作"例子,必须有行进间运球、由跑到跳转换、低手上篮等作为先决条件。

3. 依据难易度进行排列

即主要依据难度理论，可以遵循金泰尔的二维分类法对动作难度的判断。例如，篮球运动中原地徒手投篮较为简单，原地有球投篮难度就增加，原地有球跳投难度又有所增加，急停跳投难度较前面三个动作学习难度最大。投篮动作学习过程中教材内容排列可以依照上述顺序，逐渐提高动作的复杂程度。

综上所述，对于"部分技能"的掌握，开放式运动技能与封闭式运动技能排列具有相似的原理与技术，都是遵循由易到难、由简到繁，使学生运动技能水平逐步得到提高，并在学习过程中感受运动技能自身包含的文化与教育价值。

（二）执行程序学习排列的理论依据

开放式运动技能与封闭式运动技能最大区别就在于前者操作环境背景的开放性、动态性、多变性和随机性，使操作者无法事先决定随后的动作。简而言之，动作的操作步骤、执行程序因环境的不确定性而改变。因此，对于执行程序的掌握是开放式运动技能学习的关键。执行程序[①]具有规则的特征，通过这种规则学习者明确"什么在前什么在后"，学习者必须知道这类程序规则以便随着练习的继续，动作的作业水平有所提高。可以说，执行程序不是动作技能本身，不能依靠简单模仿习得；也不是规则、不是技战术，不能单纯依靠讲解传授习得。那么如何掌握与学习执行程序呢？执行程序通常跟动作本身一道习得的，已被研究者看作整体学习的一个重要方面[②]。可以看出，执行程序不是专门学习的，而是在学习动作技能的同时潜移默化中习得的。简单来说是从实战出发，"在学中

[①] R.M. 加涅：《学习的条件和教学论》，皮连生、王映学、郑葳译，华东师范大学出版社 1999 年版，第 71 页。

[②] 同上。

学""在练中学""在具体情境中学"。学生从实战出发学习执行程序的前提是对运动技能整体有了解，这与精加工理论倡导"概览、精加工、综合"的理念相契合。精加工理论强调学习者应该先对整个任务有一个整体了解，然后在后续的学习中再予以细究深挖。对整个学习任务的了解有助于执行程序的掌握，而对局部内容进行细究深挖式的精加工有助于部分技能的提高，对开放式运动技能排列具有重要的指导意义。

三 开放式运动技能排列模型

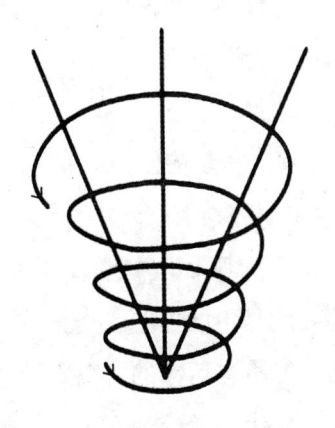

（一）开放式运动技能排列模型构建

开放式运动技能要关注"部分技能"与"执行程序"两部分的掌握。执行程序的学习决定了依据精加工理论对教材内容采取"整体—局部—整体"排列的方式。"部分技能"的学习决定一方面依据累积学习理论、课程难度理论和动作发展理论对教材内容采取由易到难的排列方式，另一方面由于"执行程序"离不开"部分技能"，具体技能学习也应采取"整体—局部—整体"排列的方式。基于此，构建开放式运动技能排列模型，见图6-7。

图6-7 开放式运动技能排列模型

（二）开放式运动技能排列模型评价

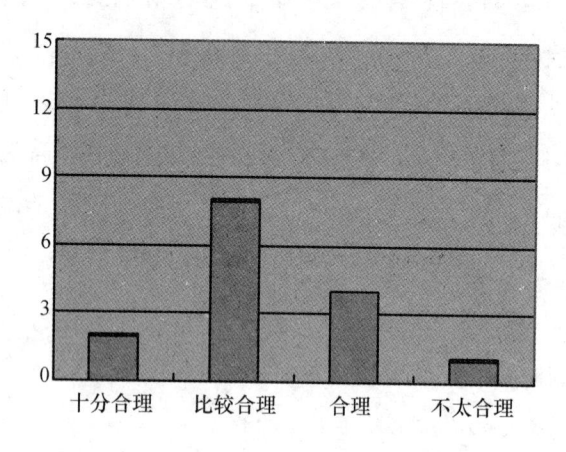

图 6-8 开放式运动技能排列评价示意

调查问卷显示，有 67% 的一线教师和教研员认为该排列思路"十分合理"或"比较合理"，27% 的教师选择了"合理"，见图 6-8。说明绝大多数教研员和一线体育教师持肯定态度。学者对开放式技能排列提出建议有："以打篮球来说，'我在哪、球在哪、他在哪、要去哪'，沿着这样的思路研究的视野可能更开阔。""注重攻防对抗练习，加强应用能力培养。"还有学者肯定了两种排列方式，认为"结合开放式与封闭式两种排列思路可以有效区分两种不同类型运动项目，对体育教学更有针对性"。

四 开放式运动技能排列模型解读

（一）开放式运动技能排列模型介绍

整个模型可以看作一个自下而上螺旋上升的弹簧。每一圈代表着一个水平层次，螺旋的周围是不同主题或类型的运动技能，随着学习的进展，这些主题或运动技能将在后续的更高水平或层次上再次学习。

1. 模型中每一层级圆代表着完整的运动项目

这意味着排列首先从完整的运动项目入手，学生可以对该项运动技能有个整体、概括的了解。主要原因是开放式运动技能学习不仅要注重部分技能的学习与提高，更要关注执行程序的习得。依据精加工理论，采取"概览—精加工—综合"的模式，相应的教材内容程序顺序采取"整体—局部—整体"的模式。教师运用比赛和讲解等手段先让学生对所学项目整体上有一定认识，就像摄影时先用广角视界开始观察完整图景，了解主要组成部分以及彼此之间关系。而后再对"局部"进行"精加工"，即对需要学习的部分技能进行精雕细刻，就像摄影时通过推拉变焦镜头，更加详细地看清楚局部图像中的具体细节。整体是指整个运动项目的概况和如何进行比赛，局部主要指部分技能的掌握和运用。整体是为了清楚应该学习哪些部分技能和执行程序，为局部学习找准方向；局部是为了提高部分技能质量和部分技能的执行程序，是为了提高整体的水平。在"整体—局部—整体"的循环模式中学生运动技能不断得到提高。

2. 模型中每一个圆圈代表着不同的等级水平

随着圆圈的螺旋上升，教材内容等级也随之提升。由于开放式运动技能的特殊性，目前相关部门尚未对其进行等级标准的研制，但这不代表着开放式运动技能没有水平、层次的区别。下面提出构建开放式运动技能等级标准的一个思路。虽然对于开放式运动技能来说，由于执行程序的原因，仅仅熟练掌握运动技能并不等于能打出高水平比赛，也不意味着运动能力达到某一标准。但是没有熟练的"部分技能"，"执行程序"也难以真正发挥功能。可以说，"部分技能"是提高运动技能水平的必要条件，一定程度可以将"部分技能"的掌握水平作为开放式运动技能等级标准的一个重要指标。"执行程序"掌握是难以量化的，而"部分技能"的掌握是可以通过难易度进行区别的，因此对于开放式运动技能等级标准制定可以退而求其次，通过"部分技能"的难易度进行划分。由于一个完整的运动项目是由不同类型的运动技能组合而成的，如果完整的运动项目类比为木桶，那么部分技能就是组成木桶的木板，木桶的容量取决于短板，而运动项目水平取决于各分项技能掌握程度。例如，羽毛球分为后场的拉球、杀球和吊球，中场的平抽和快挡技术，前场的搓球、放球和勾对角技术，任一技术落后都会对比赛造成影响，因此要想提升一个层次，必须整个技术都得到提升。因此，可以将每项技术按难度划分一定的层次，几项关键技术依照一定难度组合就构成整个运动项目的层次。例如，羽毛球后场技术分为1—5个级别，中场技术分为1—5个级别，前场技术分为1—5个级别，那么羽毛球的1级水平就是由前场、中场和后场技术的1级构成，2级水平就是由上述技术的2级构成，以此类推……

3. 模型中每一层级的圆圈周围都是由不同主题或类型的部分技能组成

那么作为局部的运动技能包括哪些，具体是什么呢？开放式运动技能学习要求从整体入手，作为局部的运动技能必须是为整体的比赛服务。对于学习者来说，要能够参加完整的比赛，就应该对该项目所有的基本技能有所了解，缺少任何一项技战术都会制约顺利完成比赛。因此，模型中每一圆圈代表该运动项目在某一个层级的整体，周围的部分技能包括该项目包含的所有基本技能。例如，篮球应该包括规则、传接球、运球、投篮等基本技能和进攻与防守的战术等，乒乓球应该包括规则、推球、攻球、拉球、搓球、接发球等技战术……另外，模型中圆圈的口径自下而上依次增大，意味着随着等级水平的提高，每一等级要安排的教材内容在范围上愈加丰富。例如，初学羽毛球一个教学单元仅安排学习规则、拉高远球和接发球就可以进行整体比赛。随着水平提高，对技能要求也随之提高，一个教学单元同步推进的教材内容应逐渐增多，包括杀球、吊球、步伐等。

（二）开放式运动技能中对部分技能进行"精加工"时宜采取整体推进、同步提升的方式

例如，篮球中的传接球、运球、投篮、防守与进攻战术等同时安排在一个单元或阶段内，如图6-9所示。而不宜集中一个单元只学某项技术，以将其学深学透为目的，如图6-10所示。这里主要原因就是部分技能要服务于比赛整体，如果学生不能进行比赛，而是按照运动员训练方式教学势必会压抑学生参加运动的兴趣，使学生对体育课造成厌恶感。而比赛要流畅进行要求参与者对篮球整体技战术有所了解与掌握，在课时有限的情况下如果单一主攻某项技能会造成其他技能的忽视，影响比赛整体进行，就像木桶理论中限制水容量的不是长板而是短板。

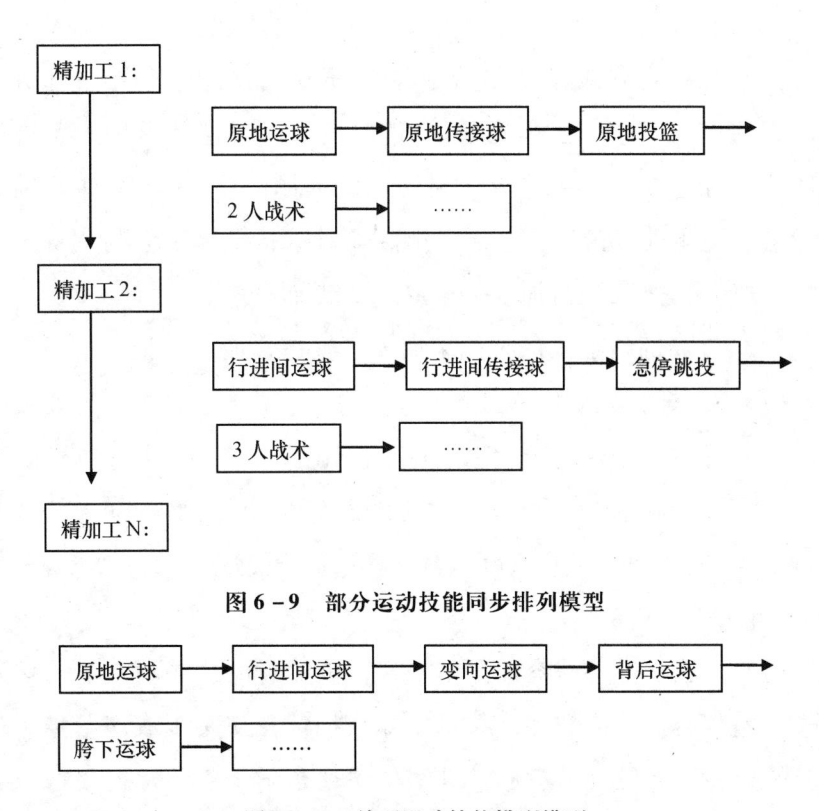

图6-9 部分运动技能同步排列模型

图6-10 单项运动技能排列模型

(三)这种"整体—局部—整体"和"部分技能整体推进、同步提升"的排列方式在实践中得到佐证

例如,某教科书中将八年级篮球单元教学安排如表6-1所示。

表6-1　　　　　　　八年级篮球单元技术安排范例

阶段	一	二	三	四	五	六	七
教学内容	边发现问题边进行篮球游戏与比赛	复习上一学年所学技术	行进间球性练习	单手传接球和反弹传接球	学习持球突破技术	单手肩上投篮	玩中练的游戏与比赛
学时	1	2	1	1	2	1	2

资料来源:毛振明,《体育与健康教师教学用书(八年级适用)》,教育科学出版社2007年版,第67页。

(1)该排列方式体现出篮球作为开放式技能"整体—部分—整体"的排列思想。该单元共10学时,第一节课从整体入手进行篮球游戏与比赛,通过整体发现局部的问题。第3—6节课分别对局部运动技能进行精加工。最后用两学时进行整体游戏与比赛。与精加工理论"概览—精加工—全局"不谋而合。

(2)对局部精加工的技能采用同步推进,而不是集中学习某项技术。第3—6节课中局部技能分别包括运球、传接球、突破和投篮四个方面,这样有利于学生进行整体比赛。

(四)执行程序不仅表现在对整体比赛的把握上,更体现在"部分技能"的学习与应用中,相应的"部分技能"学习也应遵循"整体—局部—整体……"模式

例如,从学习持球突破技术来说,依照封闭式运动技能的排列方式,先教会学生持球突破技术,即从护球、交叉步或同侧步、蹬地转腰探肩过人等细节学起。其结果往往是学生熟练掌握了持球突破这项技术,但是在比赛中却不能灵活应用,成了"训练型人才"。

而开放式运动技能要学习动作程序,即学生首先要明白"什么时候运用持球突破技术""突破过人后应该做什么""如何持球突破过人"等,强调学以致用,从实战出发。因此,其教材内容可以依据下面顺序进行排列[①]。

第一步:先让学生进行一对一运球突破进攻游戏,具体规则包括:①进攻者运球不得超过3次。②每次只可做1次投篮。③不论进球与否,完成1次进攻后,便要充当防守球员。

第二步:教师提问:

a. 在什么时候你会运球突破呢?答:当篮下有空位,而防守球员未来得及抢占我与篮筐之间的位置时。

b. 运球突破后可以有什么选择呢?答:可以行进间投篮,跳投或传球。

c. 用什么方法可避开防守球员做运球突破呢?答:可利用投篮或传球的假动作骗开防守队员;或利用变向或变速的运球挤靠防守球员突破。

第三步:学生练习:个别同学如未能掌握行进间投篮技术,可由其他同学协助指导练习运球行进间投篮技术。

(五)从排列方式上来看,开放式运动技能中"部分技能"的排列体现出螺旋式排列特征

开放式运动技能"部分技能"与封闭式运动技能有相似特征之外还有许多不同的地方,这些相异点直接影响着教材内容的排列。封闭式运动技能多是人们依据健身、娱乐或表达情感需要而创编的动作,这些动作多姿多彩、千变万化,并且相关部门对武术、体操、健美操等已经规定了等级标准,学生学习可以依据标准的等级拾级而上,不断向高一级迈进。但是开放式运动技能中所有的技术均是基本技能的应用或提高,例如,篮球中所有技能均是传接球、

[①] 廖玉光、殷恒婵:《球类领会教学法》,北京体育大学出版社2006年版,第55页。

运球、投篮、突破、进攻与防守战术等。拿投篮来说，只要学过投篮的人都会投篮，水平高低不是体现在会不会投，而是体现在投篮的距离、有无防守、速度的快慢、投篮的精准度等。可以说开放式运动技能与封闭式运动技能中部分技能的学习都遵循累积学习理论、难易度理论、动作发展理论，最终实现学生运动技能不断提高。不同的地方在于，封闭式运动技能有了相应的等级标准，每一等级动作不相同，都需要重新学起，学完之后达到相应标准不再重复学习，因此体现出直线式排列特征。而开放式运动技能目前没有相应的等级标准，每一水平提高都是体现在基本动作的拓展、深入，这就要求不断重复学习基本动作，不断提高动作质量标准，在排列上体现出螺旋式排列特征。

第四节 技能类教材内容横向排列

一 技能类教材内容横向排列缘由

横向有并列之意，技能类教材内容横向排列指的不是技能类教材内容与其他学科教材内容的横向联系，也不是指技能类教材内容与体能类教材内容的横向联系，而是指技能类教材内容之间的排列次序。具体可以包括宏观、中观和微观三个层面，宏观指的是项目之间横向排列，例如，篮球、足球、乒乓球、网球等之间排列；中观指的是项目内部同层次技能之间排列，例如，篮球中的传接球、运球、投篮等之间排列；微观指的是一个完整的动作不同环节之间排列，例如，跳远是由助跑、起跳、腾空、落地四个部分之间排列。

安排技能类教材内容时，不仅要注意教材内容纵向发展之间的递进，还要从横向方面加强技能之间的联系，以使学生高效掌握运动技能。从图6—1中可以看出，小学低年级学习单一与组合动作，可以按跑、跳、投掷、挥击、抛接等主题单元进行教学。初中阶段学校应尽可能地让学生接触多项运动，这一阶段多以运动项目为主题单元方式呈现教材内容。而高中阶段选项教学是由完整运动项目中若干分项运动技能组成。这些主题单元或"部分技能"之间在外在形态上虽然是相对独立的，但绝不能忽视它们之间的横向联系。这里的横向联系主要是指如何处理相邻的教材内容之间的排列关系。由于许多运动技能之间内在有着"千丝万缕"的联系，先学技能可能会促进或阻碍后续技能的学习，后学技能也可能会巩固或混淆先学技能。

　　体育领域与现实生活中不乏先学与后学运动技能之间促进的例子，例如，刘翔的初练是跳高，伊辛巴耶娃是从体操转为撑竿跳的[1]，可以说先学技能为后续技能学习与提高奠定了基础。同时也存在互相干扰的例子，如学会骑三轮车后再去学自行车就感到十分难，即使两种骑车技术都已经掌握，骑过三轮车后接着骑自行车也会不适应。这是因为两个轮子的自行车需要通过身体摆动来调节平衡，经过学习和练习身体已经形成自动调节平衡的条件反射；而三点确定一个稳定的平面，拥有三个轮子的三轮车不需要通过身体摆动来调节平衡。保持平衡不使摔倒是骑车的关键技术，而三轮车与自行车在关键技术方面截然相反致使前后学习会相互影响。

　　综上所述，如何科学、合理地对技能类教材内容横向排列，促使相邻的教材内容相互促进，避免相互干扰，实现先学技能有助于后学技能的学习与掌握，后学技能有助于先学运动技能的巩固与提高，这是摆在体育教师和研究者面前不可回避的课题。

二　技能类教材内容横向排列依据

　　技能类教材内容横向排列主要解决"哪些教材内容应前后相邻

---

[1]　葛小倩：《八大超级"跳槽"：刘翔原练跳高、科比曾是守门员》，《竞报》2008年6月22日，第2版。

排列，哪些教材内容应间隔排列"的问题。一般来说，能产生正迁移教材内容之间宜相邻排列，产生负迁移教材内容应间隔排列，这与学习迁移理论有较高契合度。为进一步理解迁移原理对技能类教材内容横向排列的指导作用，下面以"强化"为切入点对其进行分析。强化起到使反应增强的作用，即提高了反应的频率，或者说使反应更有可能发生。斯金纳根据刺激反应的结果区分了两种强化的类型：积极强化和消极强化。强化物或强化刺激指的是任何在反应之后出现的使反应增强的刺激或事件。例如，学生回答问题后得到认可、表扬，可以激励他此后回答问题更积极，愿望更强烈，频率就会更高；相反，回答问题后得到的是批评、否定，那么此后他对回答问题采取躲避、消极态度，回答频率就会降低。我们可以从排列角度分析，以强化为切入点分析迁移：在相邻排列的教材内容中，可以将后学的教材内容看作强化物，如果先前学习技能的结构、原理等适用于后学技能中，那么不仅先前的学习经验能够很好地迁移到新学技能，促使更快、更好地掌握新技能，而且新学技能学习还能对先学技能起到巩固作用。相反，如果后学技能与先学技能有共同的刺激，但是要求做出反应不同，甚至相反，即先学技能不能在后学技能中应用，如果这两个技能相邻排列，先前经验就会干扰后续学习，而后续学习也会混淆先前已经习得的知识、技能。

三　技能类教材内容横向排列模型

（一）项目之间横向排列模型

1. 项目之间横向排列模型构建

（1）从整体迁移看项目之间排列

技能类教材内容排列就是使相互之间能够产生正迁移的教材内容相邻排列，使先学技能与后学技能之间相互促进，共同提高。使易产生负迁移的教材内容之间分隔排列，避免相互干扰、相互制约。那么,哪些教材内容之间能够产生正迁移,哪些教材内容之间易产生负迁移就成为研究关键所在。学界对此有大量研究,发现部分运动项目之间存在正迁移及其原因:隔网对抗(持拍类)[1]项目在动作结构、动作环节上基本相同,因此存在运动技能的迁移现象。舞蹈与健美操[2]在基本姿态、动作要素、体能要求等方面存在着诸多共同因素,可产生积极的迁移。体操与竞技健美操[3]在项目的特征、技术原理、素质要求、规则导向、训练方法和动作的编排、音乐要素等几方面相似。手球与篮球[4]在技术原理、主要技术特征、主要专项素质、运动负荷、战术意识、心理素质等方面相近。跳远与跳高[5]在运动技术原理、主要技术特征、专项素质、神经过程、心理过程等方面有重叠之处。艺术体操与啦啦操[6]在基本姿态和身体形态、器械和道具使用规律、心理特征、体能要求等方面有交叉。本研究首先根据归纳法,综合现有研究成果与访谈项目专家获得资料,将项目间产生迁移的共同因素总结为:规则导向、技术特征、体能素质等。

对发生正迁移的共同因素归纳提炼之后,再运用演绎法推导哪些运动项目在规则导向、技术特征、体能素质等方面有共同因素。项群理论对此有很好的启发,处于相同项群中的项目在这几个要素方面有相似之处。有学者经过研究提出:"同项群内部的转项多于

---

[1] 朱永亮:《运动技能迁移在格网对抗(持拍类)项目中的体育教学实证研究》,硕士学位论文,武汉体育学院,2009年,第18页。

[2] 曲爱宁:《对舞蹈与健美操运动技能迁移的研究》,《中国科技信息》2007年第2期。

[3] 张玲:《试论自由体操与竞技健美操之间的运动技能迁移》,《辽宁体育科技》2006年第2期。

[4] 王金杰、王媛:《手球、篮球之间运动技能和战术体系迁移的研究》,《北京体育大学学报》2002年第2期。

[5] 张天德:《跳高、跳远之间运动技能和运动素质迁移的研究》,《体育科学》2000年第1期。

[6] 梁纪娜、于长菊:《艺术体操与啦啦操运动技能迁移的研究》,《体育世界(学术)》2010年第3期。

异项群之间的转项。①"现有研究"隔网对抗性的网球、乒乓球、羽毛球、排球,同场竞技的篮球、手球,表现难美性的体操、健美操、体育舞蹈,同项群内项目之间迁移量较高"也再次证实项群理论的指导意义。

处于同一项群中的运动项目有很多,相互之间迁移量是否相同呢?答案是否定的。许多运动都有相同的起源,例如,乒乓球起源于网球,现代健美操是在体操中的基本体操基础上发展起来的。壁球是由网球即室内手击球演变而来。尤其是近年来,随着运动实践的发展,从传统项目中衍生出一些新的运动项目,例如,三门球是综合橄榄球、手球等多种球类运动特点的基础上设计的;三步球是整合了手球、篮球、五人制足球的方法而创编的。虽然处于同一项群,但是有相同起源的项目之间共同因素、正迁移量要高于其他项目,宜首选相邻排列。

综上所述,判断项目之间能否产生正迁移的"共同因素"包括"规则导向、技术特征、体能素质"。从整体上来看,具有相同项群的运动项目之间容易发生正迁移,在同项群内,具有相同起源的运动项目之间正迁移量大,应该优先考虑相邻排列。

（2）从具体技术之间迁移考虑项目之间排列

第一,具体技术之间存在迁移现象。

从排列视角看,仅在宏观层面笼统地看项目之间的迁移远远不能为体育教材内容排列提供充足的科学依据。因为即使是"共同要素"有重叠的项目之间也有差异,即使是容易产生负迁移的运动项目之间也可能有"相似点",如果忽视了这些差异和相似点,可能成为运动技能学习的障碍。庆幸的是,当前研究没有简单地停留在项目之间存在正负迁移的层面,而是深入到两个项目内部具体运动

---

① 王大卫:《对运动员转项成才现象的初步研究》,《体育科学》1993年第4期。

技术之间的迁移进行研究。这样的成果有很多，例如，前冲弧圈球技术和半西方式正手底线技能出现正迁移现象是技能结构和技能认知活动两方面相似性导致。[1] 羽毛球和网球在步伐移动、网球发球技术与羽毛球杀球技术存在正迁移，而网球正（反）手截击球技术与羽毛球正（反）手搓球技术之间、网球正手大臂发力与羽毛球正手腕发力技术动作之间存在负迁移。[2]

因此，在考虑两个项目之间相邻排列时候，不能简单地以两者是同项群或同起源关系作为判断标准，还要进一步考虑具体内容。例如，某教学一单元讲授网球发球技术，另一单元讲授乒乓球搓球技术，那么两者之间就不存在正迁移，而网球发球与羽毛球杀球技术之间存在正迁移。因此，虽然乒乓球与网球具有相同起源关系，不能机械地将其相邻排列，具体技术之间共同因素决定了网球发球技术与羽毛球杀球技术可以相邻排列。

第二，具体技术之间迁移规律。

技能类教材内容横向排列最终要考虑具体技术之间的迁移，那么技术之间迁移的规律是什么呢？

有学者[3]认为技能和情境结构的相似性、操作任务的认知过程的相似性是正迁移发生的条件。负迁移产生条件是技能操作的情境相似，但是运动的特征不同，而运动空间位置的改变和运动时间结构的改变是产生负迁移的两种重要情境变量。还有学者[4]认为在运动技能的迁移现象中，最重要的影响因素是两项任务的刺激与反应的相似程度。而在刺激与反应的相似程度对迁移性质的影响中，似乎反应的相似性在一定程度上比刺激的相似程度更重要。

---

[1] 谭恺：《乒乓球与网球运动技能迁移初探》，《四川体育科学》2010 年第 1 期。
[2] 龚亮华：《网球与羽毛球技术动作相互迁移研究》，硕士学位论文，北京体育大学，2012 年，第 33 页。
[3] 季浏：《体育心理学教与学指导》，高等教育出版社 2006 年版，第 406—408 页。
[4] 马启伟、张力为：《体育运动心理学》，浙江教育出版社 1998 年版，第 279 页。

我们可以将刺激看作技术操作的环境背景，反应是运动技术本身，运动技术之间是否发生正负迁移，能否相邻排列关键看其"共同要素"。寻求"共同要素"可以从运动技术包含要素作为切入点。体育词典①中将运动技术分为技术基础、技术环节和技术细节三个部分。技术基础是运动技术的基本结构，按特定顺序、路线、节奏组成的各技术环节的总称。如急行跳远中的助跑、踏跳、腾空、落地四个技术环节，在进行练习时，其顺序既不能改变，也不能减少。学习任何运动技术必须从掌握正确的技术基础开始。技术环节是指组成运动技术基本结构的各个部分。如急行跳远中的助跑、踏跳、腾空、落地，每一个部分都是技术环节，其中必有主要环节，即技术关键。如跳远中的踏跳、投篮技术中最后出手动作等。学习任何运动技术必须在掌握技术环节的基础上，重点抓住主要环节。技术细节是在不影响运动技术结构的情况下所表现出的个人技术特点。由于技术细节是针对个人而言，重点在区别而不在共同要素，因此不作为分析因子。要分析运动技术之间是否存在迁移，可以从技术基础与技术环节两部分入手。例如，跳高与跳远的技术环节都是由助跑、起跳、腾空、落地四个环节组成，而且顺序和节奏相近，不能改变。因此具有较高正迁移。羽毛球杀球与排球扣球、网球发球三项技术之间虽然器械不同，但是技术环节的结构、顺序、节奏、路线相近，尤其是"触球"的主要环节动作要点相近，因此也具有较高正迁移。

综上所述，分析具体运动技术之间的迁移现象可以从技术基础和技术环节两方面入手，这两方面相似点越多迁移量越大，应相邻排列；如果这两方面存在相异就意味着两者之间存在负迁移，尽量分隔排列；如果这两方面没有相似点意味着零迁移，其迁移不受排

---

① 《体育词典》编辑委员会：《体育词典》，上海辞书出版社1984年版，第22—23页。

列顺序影响。基于此，我们构建出运动项目之间横向排列模型（见图 6-11）。

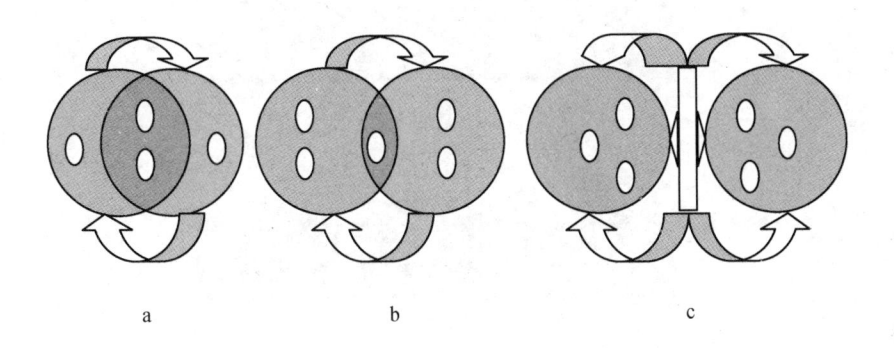

图 6-11　技能类教材内容横向排列模型

2. 技能类教材内容横向排列模型评价

对于"依据迁移理论对技能类教材内容进行横向排列的思路"调查结果见图 6-12。有 85% 认为该模型排列思路"十分合理"或"比较合理"。对于项目而言共同因素指"规则导向、技术特征和体能素质"，对于运动技能而言共同因素指"技术基础和技术环节"是否合理回答见图 6-13。

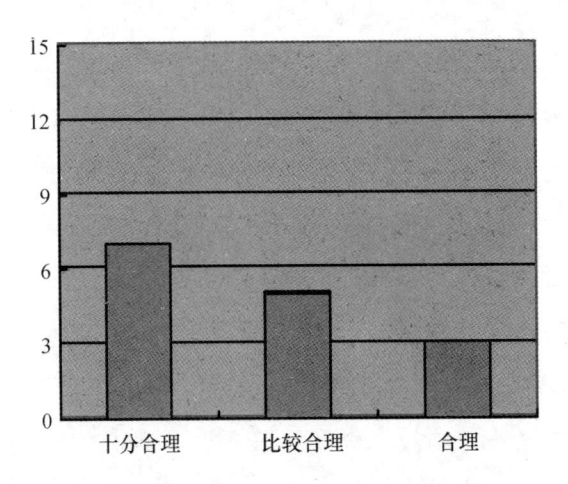

图 6-12　技能类教材内容横向排列调查示意

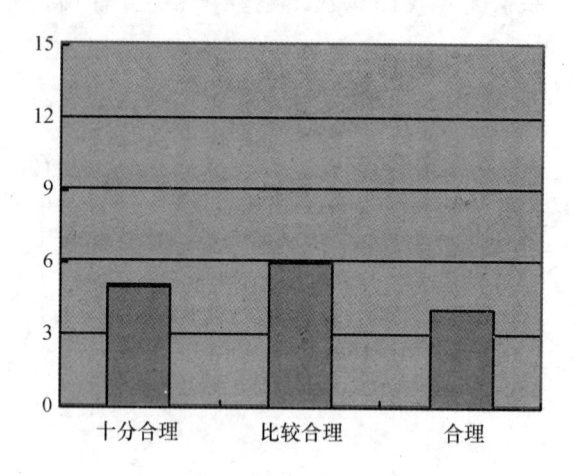

图 6-13 共同因素内涵调查示意

有学者提出建议"是否发生正负迁移的考察方面很多，但归根到底还是'人'的原因。""不能仅看技术环节或动作结构，还要看肌肉用力的性质、特点等。如前软翻和前手翻动作结构相似，但用力不同，就没有正迁移作用。"

(二) 项目内部不同技术之间排列

一旦确定了项目之间的排列，在某个运动项目主题单元内不同技术之间如何排列就提到日程上来。这些运动技术（除前文提到基本技术）是相对独立、彼此分开、处于并列的地位、共同组成完整运动项目。例如游泳中腿部动作、手臂动作、抬头呼吸。篮球运动中的传接球、运球、投篮、抢篮板、突破、抢断球；排球中的传球、垫球、扣球、发球、拦网。这些组成运动项目的各基本技术之间在排列方面是并列关系还是先后关系呢？如果是先后关系那么判断的标准又是什么呢？这一连串问题不解决，技能类教材内容排列仍处于混沌状态。

有学者对篮球各项技术做实验发现，有球技术中运球技术的掌握可以向投篮和跑篮技术的掌握发生正迁移。也就是说，先练有球的运球，是篮球技术教学与训练入门的最佳途径，可以在相同时间和作业定额的控制下取得最佳的学习效果，从而影响到投篮与半场运球折返跑技能的掌握[①]。

除开放式运动技能篮球外，封闭式运动技能中的游泳教学顺序对教学效果具有重要影响。游泳分为蛙泳、爬泳、仰泳和蝶泳四种泳姿，任何一种泳姿由手臂动作、腿部动作、呼吸、局部配合等几部分组成，那么应先学哪一种泳姿？学习某一种泳姿时先学什么动作？笔者通过查阅游泳相关文献资料和观看游泳相关教学视频，认为游泳教学一般遵循以下步骤。

先学何种泳姿普遍的观点是要看教学任务。[②] 如果教学任务是掌握一至两种姿势，并要求在较短时间内学会，可先学蛙泳。因为蛙泳采用正面呼吸简单易学，动作内容循环节奏有明显间歇，游起来省力。如果教学任务是要学习四种泳姿，可先学爬泳。因为爬泳的动作接近人们行走的动作，比较易学。而且爬泳的技术相似转化，对学习仰泳、蝶泳都有一定帮助。先学仰泳可避免呼吸困难，学会仰泳再来学习爬泳就比较容易。

每一种泳姿学习首先从熟悉水性（包括呼吸）开始[③]，而后是先教腿部动作，接下来依次是学习手臂动作、手臂与呼吸配合、腿和手臂配合，最后过渡到完整动作。第一，学习的是呼吸技术而非腿部或手臂动作，这是因为呼吸、换气是所有泳姿都必须的。另外，在学习呼吸过程中使学生感受与适应水性、喜欢水、克服对水的恐惧，为后面学习奠定基础。第二，在腿部动作与手臂动作学习

---

① 柴建设、邵丽君：《对技能迁移规律的对比研究》，《北京体育大学学报》2002年第3期。

② 裴竟波、胡文烨：《普通高校体育选项课教材》，北京体育大学出版社2005年版，第34—35页。

③ 全国体育学院教材委员会：《体育学院专修通用教材 游泳》，人民体育出版社1991年版，第204页。

的顺序上，一般先学习腿部动作再学习手臂动作。这是因为先学习腿部的好处是有助于身体平衡、增加推动力。第三，掌握手臂动作后接下来学习的是手臂动作与呼吸的配合。因为手臂动作与抬头呼吸动作有机联系，也再次佐证了呼吸在整个过程中的重要性，应优先排列。第四，将呼吸、手臂、腿部动作结合起来学习。学习单个技术时都是先进行陆地学习，后进行水中练习，这主要是从难易度角度来安排的。

那么其他运动项目内不同技术之间应以怎样的顺序教学呢？遗憾的是，当前中小学教科书、体育专业运动项目教科书和相关研究资料多以介绍运动技战术为主，鲜有对具体运动项目教学步骤或技能呈现顺序的研究，很难从中提炼出具有概括性、普适性的观点。本研究综合对运动训练专家访谈和现有资料，探索性地提出同一项目内不同技术之间排列原则：首先，考虑基本技术。有些运动技术虽然不是其他运动技术的先决条件，但是该项技术的学习与掌握有助于其他技术的习得，即对于其他运动技术学习有正迁移效果的技术先行排列。一般来说，这类运动技术具有简单易学、了解球（水）性的特征。像在游泳中换气、篮球运球、排球垫球、乒乓球推球、羽毛球拉球等。其次，从难易度或人类动作发展顺序出发。例如，在同一层级或等级中，排球中扣球要比传球难，乒乓球中拉球要比攻球难。羽毛球中搓球属于小肌肉群主动，拉球是大肌肉群主导，教学顺序则要遵循先大肌肉群后小肌肉群的原则。这样同一项目内不同运动技术之间排列就有了依据。

（三）单项运动技术不同组合动作之间的横向排列

一个运动项目是由若干单项运动技术组成，而每个单项运动技术又是由若干技术环节连接而成的。例如，羽毛球正手击球是由引拍、击球、随挥等几个环节组成。乒乓球高抛发球由抛球、击球环节所组成。技术环节之间的学习顺序直接影响着单项运动技术的学习效果。勒斯腾[1]曾做实验，让 A 组被试先练直线运动，让 B 组被试先练圆形运动，而后两者再练习包括直线与圆形运动的整体。C 组则直接练习整体机能。结果发现，B 组仅有 7% 的圆形技能迁移到整体中去，而 A 组先前掌握的直线技能对整体产生 8% 的负迁移。这说明单项运动技术内技术环节之间采用"先整体后部分"或"先部分后整体"对学习迁移和学习效果产生重要影响。一般来说，部分技术环节之间时间间隔短、联系紧密、难度较小、不易分解的采取先整体后部分。反之，部分技术环节之间时间间隔长、联系松散、难度较大、可以分解的采取先部分后整体。

单个运动技术学习顺序除了整体与部分关系之外，还有顺序延展，即从一个完整动作的开始部分，逐步延展到最后部分；逆序延展，即从一个完整动作的最后部分，逐步延展到开始部分；还可以从中间向两头延展。由于单个运动技术环节的学习顺序已在教学方法中有较多探讨，不作为本研究重点。

四　技能类教材内容横向排列模型解读

（一）技能类教材内容横向排列模型介绍

（1）学习中存在的正负迁移现象要求能产生正迁移的运动项目相邻排列，易产生负迁移的运动项目间隔排列。图 6—11 中的大圆代表着完整的运动项目，两个大圆之间的交集是两个运动项目共同因素，图中交集越大说明两个运动项目越容易发生正迁移，宜首选相邻排列；交集越小，说明两个运动项目重叠之处少，发生正迁移量小，不宜首选相邻排列；如果两个大圆没有交集，甚至在关键因素中相互排斥、相互影响、相互制约，意味着两个运动项目之间容易发生负迁移，一般来说应该间隔排列，以免前后运动技术学习发

---

[1] 马启伟、张力为：《体育运动心理学》，浙江教育出版社 1998 年版，第 277 页。

生干扰。

（2）两个运动项目之间能否相邻排列不仅从整体上考虑其共同因素，还应进一步结合项目中要学习的具体运动技术之间的重叠情况，才能最终决定教材内容呈现次序。具体运动技术之间对比与运动项目整体对比相似，都是依据学习迁移现象，而学习迁移判断的标准是共同因素。技能类教材内容横向排列模型中大圆中的小圆代表着共同因素，只不过对于运动项目来说共同因素是指"规则导向、技术特征、体能素质"，对于具体运动技术来说共同因素是指"技术基础、技术环节"。因此横向排列模型适用于运动项目和具体运动技术排列。

（二）既然是不同的运动技能，它们必定在某些方面存在相异的成分

例如，在跳高和跳远的技术学习过程中，跳远对跳高有比较明显的正迁移，同时也会产生一定的干扰，体现在：学习完跳远再学跳高时就容易产生起跳后向前冲的现象，学完跳高再学跳远就容易产生跳远时"见高不见远"的现象[1]。再如，网球正手截击球与羽毛球正手搓球之间虽然动作结构相似，但在结构细节和动作环节上有较大差异，存在技能的负迁移[2]。在具体教学设计中不仅要看到整体上相同点，还应注意细节上的相异之处。因此，对运动技能迁移，不能简单地以某一项指标来判断，而是应具体问题具体分析，综合从项目整体和具体技术等维度分析，以便做出客观全面的判断。

（三）强调排列对学习迁移作用，还要重视学生对运动技能原理的理解

学习迁移现象是客观存在的，科学、合理的教材内容排列有助

---

[1] 殷恒婵、傅雪林、刘淑芳：《体育教学中运用运动技能学习迁移的研究》，《沈阳体育学院学报》2003 年第 1 期。

[2] 龚亮华：《网球与羽毛球技术动作相互迁移研究》，硕士学位论文，北京体育大学，2012 年，第 25 页。

于所学运动技能之间发生正迁移，避免负迁移。但是，仅靠排列是不够的，就像格式塔心理学家提出："前后学习情景中的共同关系是迁移的重要条件；而学习主体对学习情境的共同关系的领悟是迁移的关键性条件。"因此，更要依靠研究人员不断提供研究成果，一线教师积极采取多种措施（通过图片、多媒体等）让学生了解所学运动技能原理，提高学生运动技能学习的概括与分辨能力。"学生的分析概括及分辨能力愈高，迁移的效果也愈明显，干扰也就愈小"[①]，学生才能够举一反三，触类旁通，提高学习效果。

第五节　体能类教材内容排列

一　体能类教材内容排列缘由

体质不强，何谈栋梁，近年来学生体质健康水平下降已逐渐引起上到国家下到每个家庭的重视。增强学生体质，增进学生健康已成为社会各界人士为之努力的目标。思想统一了，目标明确了，接下来应该转向具体操作层面，即通过哪些途径、采取何种手段实现提高学生体质健康水平目标。学校体育与学生体质健康密切相关，应该责无旁贷地担负起应有的职责。体育课堂教学作为一种有组织、有计划、精心设计的活动，更应该充分发挥其提高学生体质健康水平和传授体育与健康知识、技能、方法的功能。而体育教材内容排列对学生体能发展具有重要的影响，其缘由如下。

首先，设置体能类教材内容出发点是为了提高学生体质健康水平，而体质健康水平与人体的器官系统功能密切相关。7—18岁学龄期是学生身体生长发育的关键期，这期间学生各器官系统可塑性强，任何外界刺激将会对其生长发育带来影响，这种影响甚至是终

[①]　黄翔岳：《体育运动心理学》，华南理工大学出版社1989年版，第231页。

身的。例如,有资料报道"停止训练10年后的女子,耗氧量已平均下降29%,但心脏容积无大的变化"[①]。这说明青少年时期的锻炼对成年后的心脏功能具有深远影响。加上体能类教材内容不仅数量多而且功能不一。因此,体能类教材内容选编必须遵循全面、适量、有针对性原则对其谨慎排列,以提高各器官系统功能。

其次,7—18岁学龄期学生身体生长发育跨度大,各器官系统生长发育先后不一,变化明显,尤其是多数器官系统尚未发育成熟,不适当的教材内容不仅不会促进生长发育,反而可能会抑制其正常的自然生长。另外,学龄期学生身体器官系统整体处于上升期,不同器官系统有其自己的快速发展突增期,相对应的体能素质发展也存在敏感期,及时敏锐利用敏感期可以改善和促进身体各器官系统快速生长发育,改善其功能,最终实现增强体质增进健康的目的。

最后,当前体能类教材内容排列存在许多问题,有学者[②]将其归结为"相关内容安排过少、内容和方法陈旧、内容的组织缺乏层次性等",并提出"能够把教材内容以身体素质发展敏感期为主线,进行层次鲜明的组织"建议。为了使学生能够健康地成长,必须尽力按照各个阶段的发育顺序和生理特点来排列教材内容,为学生在各个阶段生长发育提供所需要的良好环境条件,给予他们以适当的锻炼,从而促使体能顺利从一个阶段过渡到更高的一个阶段。

二 体能类教材内容排列依据

体能类教材内容目的是提高学生体能,并使学生掌握体能锻炼的相关知识、方法。提高体能必须遵循体能发展的规律,而体能发

---

① 田野:《运动生理学高级教程》,高等教育出版社2003年版,第94页。
② 乔秀梅、童建国、赵焕彬:《基于人类动作发展观的中小学生体能教育的思考》,《体育学刊》2010年第11期。

展受人体生长发育规律支配。但身体各器官系统生长发育有其各自的关键期，即敏感期，为了突出敏感期这一特殊期对体能各项素质的重要作用，体能类教材内容排列最终将理论基础定为敏感期理论。

从第四章理论基础部分的敏感期理论分析中可以看出当前对敏感期理论比较认可，应用范围较广，体育学科相关研究也常常提及身体发育、身体素质敏感期，但令人遗憾的是不同器官组织发育的敏感期究竟是什么，体能素质尤其是亚类的体能素质敏感期是什么，其权威研究成果不多，这也是研究中困难之一。本书遵循以下研究思路（见图6-14）：体能是一个抽象概念，谈体能必须具体到各项素质，体能类教材内容排列要遵循各项体能素质发展敏感期。各项体能素质敏感期离不开其生理学基础，即各项体能素质由其主导的器官系统支配。按照此线索，确定了主导器官系统生长发育的敏感期就找到了各项体能素质发展的敏感期，也就可以"按图索骥"对体能类教材内容进行排列。

| 体能类教材内容排列 | ← | 体能素质发展敏感期 | ← | 体能素质主导器官发育敏感期 |

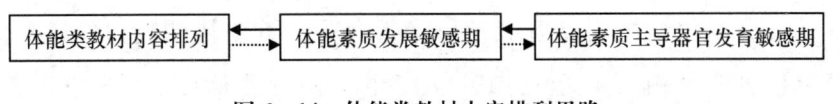

图6-14　体能类教材内容排列思路

(一) 柔韧素质生理学基础及其敏感期

柔韧是人体在运动过程中完成大幅度运动技能的能力。决定柔韧的主要生理基础是运动器官的构造、关节周围组织的体积和胯关节的韧带、肌腱、肌肉和皮肤的伸展性。[①] 柔韧性提高，要有一定肌肉力量作基础。力量的增加可间接使柔韧性得到提高。儿童少年阶段是发展柔韧性的最佳时期，年龄越大，柔韧性越差。

---

① 邓树勋、王健、乔德才：《运动生理学》，高等教育出版社2005年版，第222页。

从人的生理自然生长规律来看，初生婴儿柔性最好，随着年龄递增、骨骼自然增长、骨骼骨化、肌肉壮大，韧性逐渐增强。柔韧性的增长在 10 岁以前随人生长发育，自然获得发展，10 岁以后随年龄的增长，柔韧性相对降低。[①] 10—13 岁处于性成熟前期，骨的弹性增强，肌肉韧带的弹性、伸展性仍有较大可塑性，给予充分练习，不仅能使各关节幅度达到最大解剖限度，而且对青春期的身高增长也是有利的。13 岁以后由于骨骼增长超过肌肉的生长，因此柔韧性开始下降。

（二）协调素质生理学基础及其敏感期

协调性是指人体各肌肉群同步活动的能力，如伸肌和屈肌、上肢与下肢、躯干和肢体等。协调能力是人体多项素质或机能与运动技能结合的综合表现，涉及多个器官和系统彼此间的协作与配合，有着广泛的生理学基础，主要有神经的协调作用、肌肉协调作用和感知觉的协调作用。随年龄增长和成熟，各器官机能也随之完善，协调性也会因而改善。有研究表明，7—14 岁是发展协调能力的最有利时期；其中 6—9 岁是一般协调能力发展的最有利时期，9—14 岁是发展专门性协调能力最有利时期。13—16 岁协调能力发展不太稳定，可能是由于心理及内分泌产生急剧变化所致[②]。一般来说，协调素质的高峰期是 13—14 岁[③]。

（三）灵敏素质生理学基础及其敏感期

灵敏是运动员迅速改变体位、转换动作和随机应变的能力，是一项复杂的综合素质，与运动员的力量、反应、速度、爆发力和协调性密切相关。因此，灵敏素质的生理学基础主要涉及神经、感觉

---

① 《国家学生体质健康标准解读》编委会：《国家学生体质健康标准解读》，人民教育出版社 2007 年版，第 229 页。

② 杨锡让：《实用运动生理学》，北京体育大学出版社 2007 年版，第 247 页。

③ 谢敏豪、张一民、熊开宇：《运动员基础训练的人体科学原理》，北京体育大学出版社 2005 年版，第 22—23 页。

和骨骼肌的结构与功能状态。① 对灵敏素质敏感期研究表明②：空间精确定向，对动作的空间分化能力在 7—10 岁增长最快，而肌肉用力水平最完善的分化是在 15—17 岁。由此可见，在 13—14 岁前通过训练来发展灵敏素质可以取得良好的效果。

（四）速度素质生理学基础及其敏感期

速度素质包括反应速度、动作速度和位移速度。国外的神经生理学研究结果认为，人的反应速度是天生的，后天的训练只能把获得的遗传因素巩固下来。③ 动作速度和位移速度主要依靠后天训练来提高的。反应速度的生理学基础包括感受器的敏感程度、中枢延搁、效应器（肌纤维）的兴奋性，其中中枢延搁又是最重要的。反应速度还与中枢神经系统的灵活性与兴奋状态有密切关系④。儿童少年在 6—12 岁，反应速度大幅度提高，12 岁时反应速度发育达到第一个高峰点，以后趋于稳定⑤。

动作速度与位移速度都与动作频率有着密切联系。动作速度生理学基础包括：①肌纤维的百分组成及其面积。快肌纤维越大且越粗，肌收缩速度越快。②肌力。肌力越大越能更容易地克服阻力完成工作。③肌纤维兴奋性。④条件反射的巩固程度⑥。位移速度以跑步为例，包括步频和步长两个变量。步频的加快有赖于：①神经过程的灵活性；②肌肉中快肌纤维百分数及其肥大程度；③提高各中枢间的协调性。而步长主要受肌力大小影响，且关节柔韧性与下肢长度也是影响因素。最高跑速：7—13 岁是提高跑速最佳时期，

---

① 邓树勋、王健、乔德才：《运动生理学》，高等教育出版社 2005 年版，第 218 页。
② 王步标、华明、邓树勋：《人体生理学》，高等教育出版社 1994 年版，第 564—566 页。
③ 王瑞元、苏全生：《运动生理学》，人民体育出版社 2012 年版，第 458 页。
④ 全国体育学院教材委员会：《运动生理学》，人民体育出版社 1990 年版，第 224 页。
⑤ 谢敏豪、张一民、熊开宇：《运动员基础训练的人体科学原理》，北京体育大学出版社 2005 年版，第 22—23 页。
⑥ 全国体育学院教材委员会：《运动生理学》，人民体育出版社 1990 年版，第 224 页。

在 10—13 岁间尤为突出，年增长值最大[①]。法尔费等人通过研究提出速度素质 10—13 岁时增长最快，若此时不进行训练，则 14 岁以后肌肉的收缩速度就缓慢下来；16—18 岁以后的变化不明显，处于稳定阶段。

反应速度、动作速度和位移速度生理学基础虽有差异，但都和中枢神经系统密切相关。神经系统是发育最早和最快的器官，一般来说到 7—8 岁时脑重已接近成人水平，占 91.1%，到 12 岁时占 98.6%[②]。而动作速度和位移速度又和快肌纤维和条件反射相关，7—13 岁是这些主导器官迅速生长发育时期，整体上说这也是速度素质发展敏感期。

（五）耐力素质生理学基础及其敏感期

耐力素质分为有氧耐力和无氧耐力，最大吸氧量是有氧耐力的指标，最大氧亏积累是无氧耐力衡量无氧功能的重要指标。最大吸氧量是运动时每分钟能够吸入并被身体利用的氧的最大数量，影响最大吸氧量的主要是肺通气、血液循环和肌组织进行有氧代谢机能大小，这三方面的主导组织器官是肺、心脏与肌肉（肌纤维与肌糖原）。最大氧亏积累是指人体从事极限强度运动时（一般持续运动 2—3 分钟）理论需氧量与实际耗氧量之差。无氧耐力生理学基础是肌肉中无氧酵解的供能能力、血液中的缓冲能力（消除乳酸能力）和脑细胞耐受酸的能力[③]。

有研究表明，作为耐力素质的主导器官心脏从 13 岁开始出现增长的加速期；非运动员至 15 岁，运动员至 16 岁，心脏增长速度开始减慢[④]。从有氧供能能力来看，最大吸氧量男子在 12—16 岁随

[①] 谢敏豪、张一民、熊开宇：《运动员基础训练的人体科学原理》，北京体育大学出版社 2005 年版，第 22—23 页。

[②] 同上。

[③] 高强：《有氧耐力与无氧耐力》，《北京体育学院学报》1982 年第 1 期。

[④] 田野：《运动生理学高级教程》，高等教育出版社 2003 年版，第 93 页。

年龄的增长而增加，18岁可达到最高值[1]。目前有学者认为有氧耐力敏感期是"男孩10—17岁，女孩9—14岁及16—17岁"[2]。反映无氧耐力水平高低的最大负氧债量，男子从14岁开始急剧增加，18岁时最高可达5L左右，女子16岁时约3L，以后不再增加[3]。这些研究与"男14—16岁，女13—14岁以后进入无氧耐力的敏感发展期"[4]结论相吻合。

（六）力量素质及其敏感期

力量是人体对抗阻力的能力，是速度、耐力、柔韧、灵敏等体能素质的基础。影响肌肉力量的生物学因素主要包括"肌源性"因素和"神经源性"因素。"肌源性"因素主要包括肌肉生理横断面积、肌纤维类型、肌肉收缩时的初长度等。"神经源性"因素包括中枢激活水平、中枢神经对肌肉的协调和控制能力、神经系统的兴奋状态等方面。神经源性不仅和力量素质影响，对速度、灵敏等素质均有影响，因此这里谈力量素质主要从肌源性因素入手。人体肌肉在10岁以前生长速度缓慢，在12—13岁肌肉体积和力量增长速度加快，在15—18岁肌纤维明显增粗，肌肉体积和力量增长速度最快，这期间通过增加阻力或负重，可以有效发展肌肉力量。

肌肉增长呈现躯干肌先于四肢肌，屈肌先于伸肌、上肢先于下肢，大块肌肉先于小块肌肉的规律。同时肌肉增长又表现出性别差异，这是由于女孩在15—17岁、男孩在17—18岁肌肉增长最为明显，加上后天从事体育活动差异共同造成的。总的来说力量素质发展的敏感期是13—17岁，最大力量从13岁左右开始进入快速增长的第一个高峰期，这个阶段力量的增长与体重的增长同步，而且最大力量增长快，相对力量却增长不大。16—17岁是最大力量快速增

---

[1] 王步标、华明、邓树勋：《人体生理学》，高等教育出版社1994年版，第564—566页。
[2] 王瑞元、苏全生：《运动生理学》，人民体育出版社2012年版，第459页。
[3] 王步标、华明、邓树勋：《人体生理学》，高等教育出版社1994年版，第564—566页。
[4] 周振平、李秀梅、杨辉：《无氧耐力训练方法》，《北京体育大学学报》2007年第11期。

长的第二高峰,此时肌肉围度的增长速度加快了,最大力量与相对力量均很快,这是发展力量素质的最重要时期①。

三 体能类教材内容排列模型

(一) 体能类教材内容排列模型构建

体能类教材内容排列模型构建思路如下:体能类教材内容是为了发展相应体能素质,而不同体能素质发展是由其所主导器官系统所支配。通过分析主导器官系统生长发育确定体能素质发展敏感期,依据体能素质发展敏感期对相关教材内容排列。基于上述思路,构建体能类教材内容纵向排列模型,见表6-2。

表6-2　　　　　　　　体能类教材内容排列模型

年龄(岁)类别	7—8	8—9	9—10	10—11	11—12	12—13	13—14	14—15	15—16	16—17	17—18
柔韧类		柔韧突增期									
灵敏类				灵敏突增期							
协调类		一般协调力			专项协调力突增期						
速度类	7—12 反应速度、10—13 动作和位移速度突增期										
耐力类					10—17 岁有氧突增期			14—18 岁无氧突增期			
力量类								力量突增期			

(二) 体能类教材内容排列模型评价

问卷显示有80%的人认为将敏感期作为体能类教材内容排列依据"十分合理"和"比较合理",有20%的人选择了"合理",见图6-15。有学者认为"可以素质敏感期为主要排列依据,但不宜

---

① 《国家学生体质健康标准解读》编委会:《国家学生体质健康标准解读》,人民教育出版社2007年版,第218页。

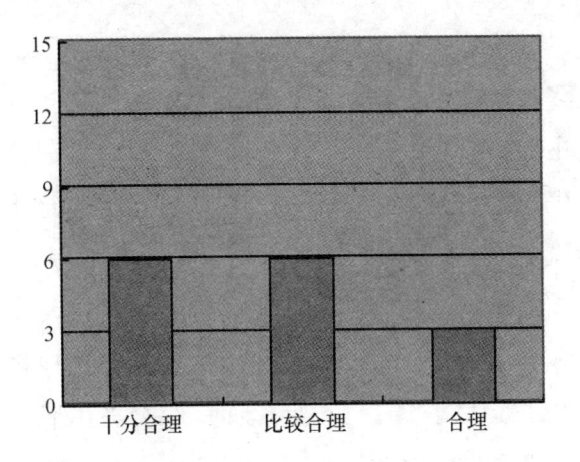

图 6-15　体能类教材内容排列思路调查示意

作为唯一依据"。还有学者指出"体能是体育教学的一个重要内容，体能练习的教材内容应和技能教材内容融合在一起。也就是说，教材内容的排列既要考虑技能，又要考虑体能"。

四　体能类教材内容排列模型解读

（一）体能类教材内容排列模型介绍

体能类教材内容琳琅满目，花样繁多，不同教材内容对各项体能素质作用独特、效果各异，一线体育教师可以依据模型确定不同类教材内容呈现的次序，促进体能各项素质快速发展，这也是对体能类教材内容排列的目的。该模型给出的仅仅是一个框架，具体选择与排列教材内容的权利仍然在一线教师手中，一线教师可以根据学校条件、学生爱好、自身特长充分利用和开发各种资源创编多种教材内容满足教学需要，这与《标准》精神完全吻合。

（二）体能素质发展敏感期影响因素多，难以精确具体时间，只能是区间

各项体能素质敏感期的确定是一个棘手问题，从理论上可以依

据"体能素质敏感期与其主导器官系统生长发育敏感期相一致"的原理,但是进一步深入研究发现困难重重,原因如下:第一,有些体能素质是多种素质综合的结果,受多个系统共同支配。这样就出现一方面其主导器官系统的确定是个难题,另一方面共同作用的主导器官系统生长发育先后顺序不一,这就决定了确定体能素质发展敏感期不能选择单一标准。例如,灵敏素质生理学基础包括由神经、感觉和骨骼肌的结构与功能状态,神经系统最早发育,但是肌肉力量也是影响灵敏素质重要因素,因此不能笼统地将灵敏素质敏感期定位神经系统发育快速突增期,而应综合考虑肌力发育的突增期。再如柔韧素质也是如此,一般来说,年龄越小柔韧性越好,但是柔韧与肌肉力量是相辅相成、相互影响的,如果只注意发展柔韧素质而忽视肌力的发展,其结果也会影响柔韧性动作的完成。如年龄小时,做"桥"的动作能力就差,其原因不是柔韧性不良,而是背部肌力弱的关系。第二,即使确定了主导器官系统,仅单个器官是由多种组织构成,这些组织生长发育各自遵循不同规律,这又增加了判断体能素质发展敏感期的难度。可以说,判断体能素质发展敏感期涉及大量组织与胚胎学、运动生理学等相关学科专业知识,从某种意义上来说超出本研究的范围。体能类教材内容排列研究主要是为了给出排列的原理与技术,因此本研究在确定敏感期时主要是通过综合现有研究成果以时间段形式表达,至于各项体能素质发展敏感期将随着研究深入而逐渐精确化。

(三)对敏感期要有正确的理解

第一,敏感期是体能素质发展的最快期。生长发育学的基本观点认为,生长发育是一种内源现象,它们不可能受到外界影响的制约,也不会为外界所激发,但是外界的影响对生长发育的速度却会起决定性作用,在机体生长发育加速期,其特点是遗传的制约程度下降，生长过程主要靠外界的影响。① 适时抓住敏感期排列相应教材内容可以起到事半功倍的效果。第二，强调敏感期并不是否定非敏感期。整个学龄期各阶段体能素质处于自然增长，适当的负荷刺激都会引起相应素质增长。而人体生长发育具有阶段性和连续性，各个阶段顺序衔接，不能跨越。前一阶段的发育为后一阶段奠定必要的基础，同时任何阶段的发育出现异常，必然将对后一阶段的发育产生不良影响。因此在强调敏感期突出作用时还不忽视不同阶段衔接。例如，肌肉体积和力量增长速度最快的年龄段是15—18岁，但并不意味着其他阶段就不能安排力量类教材内容了。事实上8—9岁以后，肌肉发育速度开始加快，可以依据学生发育状况采用徒手操以及不负重的跑、跳练习来促进肌肉发育。第三，敏感期不是高峰期。敏感期是增长最快的阶段而非绝对值最大，这一点对教材内容排列很重要。敏感期阶段人体各器官系统仍处于生长发育期，并非成熟期，其功能并未达到最佳，相应地也不是体能素质最大值出现期。而高峰期意味着人体各器官系统发育成熟，能承受较大负荷。因此，敏感期理论为体能教材内容排列提供了基础，而负荷量度的确定仍要依据人体生长发育规律。

（四）体能类教材内容出现在体育课堂教学中的途径有很多

有学者②将其归纳为"融合、分立、补充和锻炼方法的传授"四种，"融合"是在运动技能学习中锻炼；"分立"是留专门时间进行体能练习；"补充"是弥补教学阶段的身体发展不足而安排的体能锻炼；"锻炼方法的传授"是指将教学与锻炼相融合。但不管哪一种策略都应该遵循人体生长发育普遍规律，充分利用体能素质发展敏感期，合理安排不同类教材内容呈现的次序，不断地发展学

---

① 田野：《运动生理学高级教程》，高等教育出版社2003年版，第93页。
② 毛振明、杜晓红、于素梅：《新版课程标准解析与教学指导（体育与健康）》，北京师范大学出版社2012年版，第69页。

生体能与健身能力，提高学生体质健康水平。因此，该模型对体能类教材内容排列具有普适性和通用性。

（五）该模型没有对二级体能素质敏感期进行分析

其主要原因是：同属一类体能素质不同亚类虽有差别，但总体上说起主导器官系统是相近的。例如速度素质中无论反应速度、动作速度还是位移速度都离不开神经系统的支配；耐力素质中无论有氧耐力还是无氧耐力其主导系统均是呼吸系统和循环系统。力量素质中的肌力与肌耐力都与肌肉发展密切相关。另外，本研究重点是探讨体能类教材内容排列技术与原理，不在于对各项体能素质敏感期的细分。

第六节　体育教材内容排列原理探析

上述五种排列模型并非最完善也并非穷尽所有情境。随着教学实践中新情况、新问题出现，现有排列模型必将难以满足发展需要。因此，仅从技术层面不能彻底解决排列中的根本问题。从长远看，实践发展更需要具有一定普遍意义的体育教材内容排列原理。本书通过文献阅读、专家访谈和总结上述研究过程，归纳、提炼出"两向、三维"的体育教材内容排列原理：在学习理论、课程难度理论、人类动作发展理论和敏感期理论指导下，综合"排列方式、教材内容、学生"三个维度，使体育教材内容在纵横两个方向科学合理地呈现在学段、学年、单元、课时中。该原理具体包括以下四点。

一　立足于理论基础

不需要理论基础的研究是根本不存在的，掌握具有基础性和指导性的理论知识是研究获得高质量成果的重要保障。有了理论基础，不仅知其然明白"怎么做"，而且知其所以然清楚深层次的"为什么"。理论基础不是简单的教育经验总结，不是零碎的知识，应是系统的理论体系。教材内容排列就是要对教材内容进行排序，"排序依据"是研究的关键点和难点。研究"排序依据"离不开对实践的思考与反思，但更应有成熟系统的理论作为支撑。一般来讲，应该体现出教育心理学、运动人体科学等母学科最新研究成果，并且具有一定通用性和权威性。根据这样的理论作出的假设、推理、判断才会更可靠，研究过程更严谨、研究结论更科学。通过研究认为学习理论（加涅累积学习理论、精加工理论、迁移理论）、课程难度理论、人类动作发展理论和敏感期理论能为排列研究提供一个框架、一个准则，以此为逻辑起点开展研究，使排列结果更具科学性和说服力。当然，任何理论都具有时代局限性，随着研究的深入、认识的深化、理论水平的提高，可以对其修正或补充其他理论作为支撑。总之，理论基础的选择对整个排列研究具有至关重要的作用。

二 综合"排列方式、教材内容、学生"三维度

（一）排列方式维度

排列方式是教材内容排列的工具、手段、方法，影响着不同类型教材内容的数量、课时的分配、教学的进度等，最终影响着学生知识掌握的数量和质量。从理论上，体育教材内容一定要以某种具体方式呈现出来，现实中不存在离开排列方式抽象的排列，在三维排列原理中排列方式仍然是重要的维度。现有直线式与螺旋式排列理论、分层排列理论主要是基于排列方式维度。当前排列方式主要有直线式与螺旋式排列和在此基础上细分的充实直线式、充实螺旋式、单薄直线式与单薄螺旋式。

直线式与螺旋式排列在第三章已有详细论述。细化的四种排列方式一定程度上弥补了原有直线式与螺旋式排列的不足，进一步回答了直线式排列的长短（以课时与学期为单位）和螺旋式排列中螺旋回归周期（以学年和学段为单位）的问题。我们可以先从学年、学段循环周期入手区分直线式与螺旋式排列，如果某项教材内容在多个学年或学段出现可视为螺旋排列，如果某项教材内容只在某学年出现，以后不再重复，可视为直线式排列，这样可以较好解决"由于知识可以多种分类，而不同知识又有内在联系"造成两种排列理论先天缺陷。在区分两种排列方式之后，可以分别对两种排列方式进行细分。对于只出现一次的教材内容，即直线式排列，可以通过课时的长短进一步细分。一般来说，2—3节课被称为单薄直线式，多用来排介绍类教材内容。6—10节课被称为充实直线式，多用来排粗学类教材内容。当然，课时也没有明显分界线，因此有四五节课的"灰色地带"。直线式排列中直线长短关键看教材内容类型、所包含信息量、价值和学生喜爱程度。螺旋式排列进一步细分也是依据教材内容每次出现的课时长短，有些教材内容虽然每学年或每学段都出现，但每次出现安排课时较短，则被称为单薄螺旋式，例如一些作为副项或辅助教材内容，典型代表是体能锻炼类。还有些教材不仅学年或学段安排多，而且每次安排课时较多，可视为充实螺旋式排列，典型代表是精学类教材内容。在清楚如何区分与辨别四种排列方式和充分理解四种排列方式特征、适用范围、局限性基础上，根据实际需要灵活地、创造性地运用到具体排列情境中。

（二）学生维度

体育教材内容排列最终是为学生发展服务的，学生是排列效果最终的体验者，脱离或偏离学生维度的排列，学生就难以接受，设计排列方案使用价值都将受到质疑。一般课程与教学论强调学生心理顺序，在体育学科中体现在学生"身体、心理与认知"发展三个方面。学生维度是以年龄为自变量，学生身体、心理和认知发展为因变量。从小学到高中十二年中，随着年龄的增长，学生的身体、心理和认知表现出明显的阶段性与连续性特征。漠视或忽视学生身体、心理和认知中的任一方面都容易造成排列的失真。深入探究学生在身体、心理与认知发展的阶段性与连续性特征，并依此为重要依据安排教材内容及最适宜的表达形式，使教材内容的序与学生身体、心理和认知发展的序有机结合起来，使两者在学生学习过程中达到动态的平衡。

（三）教材内容维度

教材内容维度主要指教材内容的逻辑性，这一点在当前主要排列理论体现不够，这和学界将"非逻辑性"作为体育学科特性的观念不无关系。长期以来，学界认为体育教材内容之间多是平行或并列关系，不具备其他学科那样严密的逻辑体系。失去了逻辑性，教材内容排列就失去了自身可靠依据，结果一定是混乱的、"非逻辑"的。

体育教材内容来源庞杂，决定了在特性、功能、学习规律等方面具有相对独立性，但这并不意味着没有逻辑性和规律性可循。教学是人类特有的一种有目的、有组织、有计划的人才培养活动，应是有章可循、有据可依的。教材内容作为一种教学媒介，逻辑性应是其"题中之意"，体育教材内容也不例外。排列研究不应停留在"运动项目间是并列关系"的表象认识上，更不应人云亦云囿于"非逻辑性"的观点。打破常规思维，深入研究会发现体育教材内容具有逻辑性这一广阔天地。千头万绪体育教材内容的逻辑性可以依据理论基础从以下几方面入手：第一，有联系的教材内容之间逻辑性可以依据累积学习理论、学习迁移理论，分析教材内容之间的先决条件关系、迁移关系等，这些关系在不同教材内容之间体现出的形态与形式则需进一步分析。第二，课程难度理论认为难度是客观存在的，没有联系的教材内容之间逻辑性可从难易度视角作为切入点。金泰尔运动技能二维分类法为判断动作难度提供了很好的参照系。第三，体育教材内容逻辑性还源自运动项目自身特征。体育教材内容来自不同文化母体的素材，每一素材在产生、发展、成熟的过程形成自己的特征，在学习中也应遵循各自的规律。总之，运用理论基础这一分析装置就会发现教材内容之间或内部千丝万缕的联系，教材内容的逻辑性自然建立起来，为排列提供了重要维度。

（四）三个维度相互独立又相互制约

排列方式是一种工具，教材内容必须以某种排列方式呈现。但更是一种外在形式，它不能单独存在，脱离具体教材内容的排列方式是有形无实的、是空洞的。选择何种排列方式除考虑排列方式的特征、适用范围、局限性外更要考虑学生维度和教材内容维度。例如，低年级学生不宜安排大单元教学，而精学类教材内容则提倡大单元教学，因此排列方式的选择离不开教材内容与学生维度。

学生是排列方案的体验者，排列方案的设计离不开对学生身心与认知发展的分析。但对学生分析是为了更好地排列教材内容，因此只有结合排列方式与教材内容才对排列有意义，否则对学生分析失去了参照系和目标。

教材内容是排列对象，依据教材内容逻辑性的排列可以促使学生各种学习有效地联系起来，产生累积效应。然而纯粹教材内容逻辑性是运动技能之间逻辑关系，不是教学逻辑，不能单独作为排列依据。

综上所述，三个维度独立发挥作用，需要分别对其进行分析。但每个维度的分析又离不开其他维度因素的融合，也只有综合三维度作为依据的教材内容排列才更加贴近实际。

三 纵向排列与横向排列

教材内容排列体现在纵向排列与横向排列两个方向，就体育教材内容而言，纵向排列指的是作为独立体系的某类教材内容自身在时间上呈现顺序，合理的纵向排列有助于学生掌握教材内容的系统性与深度。横向排列指的是技能类教材内容与体能类教材内容排列、技能类教材内容之间排列。合理的横向排列有助于增加学生知识的广度和促使知识之间相互正迁移，产生事半功倍的学习效果。无论是纵向排列还是横向排列都体现在课时、单元、学年、学段计划中，在教学设计时都应综合考虑排列方式、教材内容、学生三维度，基于此构建体育教材内容排列原理模型，见图6-16。

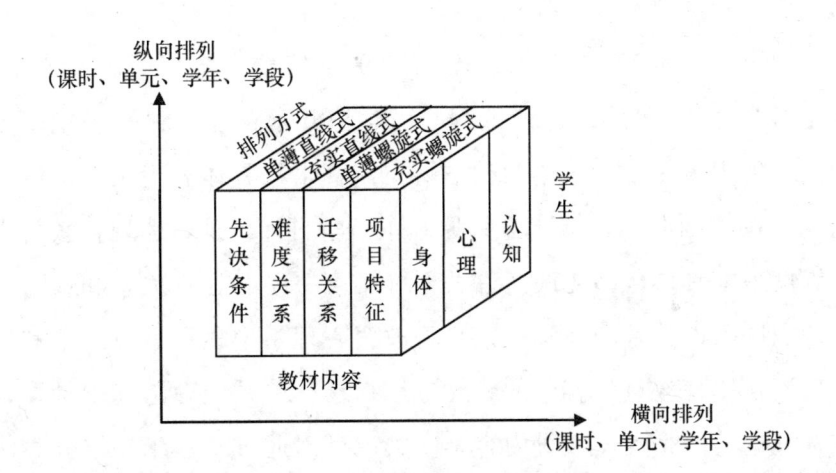

图6-16 体育教材内容排列原理模型

四 体育教材内容"两向、三维"排列原理特征

体育教材内容"两向、三维"排列原理是在充分研究原有直线式与螺旋式排列理论、分层排列理论基础上，继承其精华，吸收合理成分，总结其不足，吸纳当今相关领域最新研究成果，从实践需要出发而构建的，其进步性体现在以下两个方面。

（一）综合性

当前一般课程与教学论在提及教材内容排列、课程内容组织等问题时描述最多的是直线式排列与螺旋式排列、纵向排列与横向排列、学科知识逻辑与学生心理逻辑等。但就"三方面是否有联系，有何种联系，如何将三者融为一体"等问题尚未论述。本书深入分析后对其合理定位认为：纵向排列与横向排列是教材内容排列的两个方向，教材内容必须从这两个方向进行排列；直线式与螺旋式排列作为排列方式维度、学科知识逻辑作为教材内容维度、学生心理逻辑作为学生维度，教材内容在两个方向排列时需要同时考虑三个维度。这样将三者融为一体，提出"两向、三维"排列原理，并构建相应的排列模型，共同服务于体育教材内容排列实践。

（二）学科化

"两向、三维"排列原理没有简单移植教育学相关研究成果，而是对其"体育化"。一般课程与教学论常常论述学科知识逻辑与学生心理逻辑相结合。但两种逻辑在体育学科具体表现在哪里鲜有论述。在"两向、三维"排列原理中，学科知识逻辑体现在教材内容维度中，具体包括先决条件关系、难度关系、迁移关系和项目特征。先决条件关系和迁移关系是将教育心理学中累积学习理论和迁移理论在体育教材内容中的具体应用；难度关系的理论基础是课程难度理论，但是具体教材内容难度关系可以通过金泰尔二维分类法来分析。项目特征则是体育学科独有的，对体育教材内容排列有重要影响作用。学生心理逻辑在体育教材内容排列中体现在学生维度，而体育学科自身特性决定了学生维度包括学生认知发展、学生心理和身体发展三方面，明显不同于其他文化课主要从认知角度考虑学生维度。

第七节　体育教材内容排列后续研究面临的主要问题

一　研究共同体的参与

科学研究趋势是分化与整合相结合，一方面研究越来越细化；

另一方面研究越来越依赖多学科共同作用。总体来说,科学发展是在高度分化基础上的再综合。科学研究趋势决定了不能关起门来单打独斗做研究,研究是集体作战,即形成研究共同体。早有学者提出"改革课程、构建新的课程模式要获得成功,光有研究课程的教育学家是力所不逮的,因为他不能够把握住科学逻辑和心理逻辑,唯有教育学家、心理学家和科学各领域的专家一起联合攻关,才是希望之所在"[①]。今天教育科学研究不仅需要不同学科之间专家形成研究共同体,更强调专家与一线教师、学生形成的研究共同体。这是因为过去研究中学者、一线师生各自为政、互不往来,学者在图书馆、实验室进行书斋式研究,远离了丰富多彩的真实教育情景,其研究成果容易曲高和寡、不接地气、远离实践。而一线体育教师面对实际问题时往往因为没有科学理论指导而束手无策,独立进行研究时常常因为缺乏科学研究规范、正确的思维方式和研究技能而效果不佳。这种尴尬的境遇严重影响了课程改革研究与实践进程。随着问题的暴露,越来越多的人认识到该问题的严重性,并积极寻求解决途径,高校专家与一线教师形成研究共同体的做法呼之欲出。有学者[②]预言:"一种超越性的新型课程与教学论已逐渐兴起……这种新兴形态既包容了学者创生而为师生'消费'的课程与教学论,更创造着师生创生而为学者'吸收'的课程与教学论。"

体育教材内容排列是一个庞大的复杂工程,面临困难重重。首先,排列时间跨度大、课时多。体育课从小学到高中十二年始终是必修课,在国家对中小学规定课时仅低于语文、数学。中小学的十二年是学生身心发育变化最为明显,也是体质增强、运动技能形成与人格素质培养最为关键的时期,加上学生每一个学段还要更换新

[①] 国家教育发展研究中心:《发达国家教育改革的动向和趋势》,人民教育出版社1992年版,第11页。

[②] 黄甫全:《师生主体、知识价值与整体方法——文化教学认识论纲》,《教育发展研究》2010年第22期。

的学校、面对新的体育教师，因此要将十二年1500左右课时（按国家最新规定，小学每周4学时，初中、高中每周3学时计算。）有序排列，意义不言而喻、难度可想而知。其次，影响因素多。地区差异、学生差异、教材内容逻辑结构等都会对教材内容排列产生影响。地区差异意味着场地器材、风俗气候、教育与体育基础等存在差异，而学生差异意味着身心发展与认知规律不同，敏感期、兴趣爱好等方面也不同，教材内容逻辑性差异意味着学习原理应该相应发生改变，这些因素都对体育教材内容排列产生直接影响。最后，涉及学科领域广泛。研究过程中深深感到，体育教材内容排列并非是一个孤立的问题，依托于相关领域研究成果，就像葡萄藤一样以排列这个主题将零散问题集结在一起。没有相关学科支撑，该研究难以顺利进行。如除普通研究都需涉及学科外，本书中对排列方式的研究涉及教育学中课程与教学论、相关理论基础涉及心理学中发展与教育心理学、整个研究离不开体育人文社会学中学校体育学相关知识、对于运动技能特征与学习规律需要体育教育训练学的支撑、而身体发育敏感期不仅需要运动生理学更需要组织与胚胎学相关研究成果作为依据……

英国科学家和哲学家米切尔·波兰尼认为，"今天的科学家不能孤立地从事其行当。他必须在某个机构框架内占据一个明确的位置。一位化学家成为化学职业中的一员；一位动物学家、数学家或心理学属于一个由专业科学家构成的特殊群体。这些不同的科学家群体合起来形成'科学共同体'"[①]。面对时间跨度大、影响因素多、设计领域广的体育教材内容排列幻想毕其功于个人力量和单一学科是不现实的，研究共同体的形成势在必行。研究共同体是由教育学、心理学、体育学等学科专家和教研员、一线体育教师等共同

---

① 文学锋：《试论科学共同体的非社会性》，《自然辩证法通讯》2003年第3期。

组成，不同成员各有其自身特定的、不可缺少的重要作用。教育学、教育心理学、运动生理学等学科专家为体育教材内容排列提供基础理论支撑，为应用研究把握方向。体育教研员既有一线教学经验，熟知一线教学实际情况，又有理论研究基础，对于体育教材内容排列往往有着独到见解，更重要的是教研员能对体育教材内容排列研究成果的落实起到指导与监督作用。一线体育教师是最终排列方案的设计者和实施者，最了解问题所在。近年来"教师是研究者"的观念逐渐被大家接受，也不乏在理论研究方面有真知灼见的教师，他们对一线教学洞察力、敏感性有助于发现问题、研究问题和验证研究成果。

二 地方规定性内容的研制

国内学者[1]认为中小学是属于基础教育阶段，基础教育就应当有自己的基础性和规定性。日本书部省于 2008 年颁布的学校体育《学习指导要领》不仅将运动内容领域划分为增强体质内容与运动学习内容，而且还对运动学习内容进行了具体设置，在各年级的安排上充分体现出了各自的特点及整体的连贯性[2]。和日本相比，我国国情是幅员辽阔，人口众多，地区经济、教育和体育发展不平衡，难以对全国制定规定性内容，大纲时代的大一统管理模式出现的弊端是最好的证明。《标准》没有规定具体的教材内容，只是给出了课程目标与内容标准，具体教材内容主要由各地、各校根据《标准》精神与要求以及地区、学校实际自行决定，从而使各地、各校在落实《标准》时有了更大的自由度与更多的灵活性。

但是《标准》没有给出具体内容，并不意味着不需要规定性内

---

[1] 司云：《中国学校体育研究 2006 年度理事学术年会在江南大学召开》，《中国学校体育》2007 年第 2 期。

[2] 陆作生：《日本九年义务教育〈学习指导要领〉中运动内容的设置及其启示》，《北京体育大学学报》2012 年第 2 期。

容。失去规定性内容造成很多负面效果，有学者总结道："一方面成为一部分不求上进体育教师降低教学质量标准的借口，造成教学内容选择随意性大甚至趋向于'放羊'的现象普遍存在；另一方面各年级、各学段之间可以互相推卸责任，体育教师教学效果评定也缺乏公平的起点，不利于课堂教学质量检查，严重影响了教学效果以及教学质量的提高。"[1] 相反，如果有了规定性内容，不仅可以在政策层面保证体育教学的科学性与规范性，保证体育教学基本教学质量，并为体育教学评估、交流、管理、监督等提供依据。从学段之间衔接来看，制定规定性内容有利于实现学段之间有序衔接。因为第一，有了规定性内容的思想，在制定规定性内容时就可以将中小学十二年学校体育教学看作一个整体，排列体育教材内容时不仅会考虑阶段性还能兼顾连续性和系统性；第二，有了规定性内容，学生升到新的学段后新的体育教师可以清楚知道学生以前学习内容和基础，以便在安排新的教材内容时有科学依据。

事实上，《标准》虽然没有给出规定性内容，但是一直强调地方教育行政部门制定相关内容的范围和实施方案。《标准（实验稿）》实施建议中明确提出："各省、自治区、直辖市教育行政部门应根据标准，并结合本地区的具体情况，制订出本地区的课程实施方案，报教育部备案并在本地区范围内组织实施。"《标准（2011）》在《制订地方体育与健康课程实施方案的建议》中提出："确定本地区水平一至水平四教学内容的范围和标准。提出本地区各个水平的学习评价建议，包括内容、方法与标准等方面。"[2] 然而，目前除江苏、浙江、河南、广东等地出台了地方体育课程指导方案外，多数地方体育课程指导方案缺乏有效落实，很多地方体育

---

[1] 余立峰：《区域内规定教学内容是落实三级课程管理制度的关键》，《中国学校体育》2012年第11期。

[2] 中华人民共和国教育部：《义务教育体育与健康课程标准（2011版）》，北京师范大学出版社2012年版，第6页。

教学仍存在无章可循，学段之间体育教学的衔接失衡有一定必然性。[①]

地方教育行政部门研制的规定性内容主要包括原则、类型划分、教学时数、排列方式等。相对于地域辽阔、情境复杂的全国范围，地方在气候、传统习惯、体育与教育基础等方面具有相对一致性。因此，无论是制定地方体育与健康课程实施方案还是地方教科书或教师用书，都可以具体到年级、单元甚至课时。2010年浙江省教育厅教研室组织编写的《教师用书》[②]是最好的范例。

地方规定性内容上要体现《标准》精神，下要结合一线实际，在研制时要充分考虑学段间衔接和动作技术之间联系。从这个意义上说，地方规定性内容研制本身就包含了教材内容排列的含义，本研究中的相关模型可以为地方规定性内容的研制提供一定的参考。反过来，如果没有地方规定性内容，本书中的相关模型也难以实施。例如，就"技能类教材内容学段间排列模型"而言，如果没有规定性教材内容，初中阶段不同学校安排不同教材内容，进入高中后学生重新组合，高中阶段制定选项教学时就会出现有的学生有先前经验，而有的学生则没有先前经验。

当然，地方提出规定性内容并非没有考虑各校实际情况，并非没有给各校留下空间。广东省在制定《义务教育体育与健康课程指导大纲》时采取分层指导，即将广东省又细分为以珠江三角洲为主的学校、普通学校、山区及部分相对落后的农村学校，分别提供不同的三类大纲。[③] 就规定内容比例来说，浙江省占总课时的70%左右，河南省仅仅对具有规定性的内容课时限定不少于50%，可以说

[①] 王建：《体育教学有效衔接补偿机制研究》，《武汉体育学院学报》2014年第4期。

[②] 浙江省教育厅教研室：《浙江省义务教育体育（与健康）必学内容教师用书》，浙江教育出版社2010年版，第7页。

[③] 庄弼：《建立有特色的地方体育与健康课程管理体系》，《中国学校体育》2012年第11期。

各个学校还有很大的灵活性。

三 《学生运动技能等级标准》和《运动技能学习质量标准》研制

在对封闭式与开放式运动技能排列论述时介绍了相关部门为部分封闭式运动技能制定了《学生运动技能等级标准》，《学生运动技能等级标准》制定与体育教材内容排列原理不谋而合，这既为其他运动项目等级标准研制提供了思路，也为具体运动项目排列提供了依据。然而，目前已有运动技能标准的项目仅限于武术、体操、健美操、游泳等，其他项目，尤其是娱乐性、健身性强、青少年学生参与广泛的球类项目尚未制定标准。类似的情况也出现在《运动员等级标准》制定过程中，有学者研究"通过以上文献可以发现[①]，只有很少的学者对各项目《运动员技术等级标准》进行研究，而且在被研究的项目主要集中在田径、体操、体育舞蹈等技能主导类表现难美类项目上，对于集体类项目和对抗类项目研究上几乎为空白，而在这些集体类项目的《运动员技术等级标准》暴露出的问题正需要有人对其进行系统科学的研究并提出对策从而解决问题"。这是由各运动项目主导因素、竞赛规则等差异造成的，开放式运动技能无法用技术掌握程度作为评判等级的唯一标准，技术临场应用能力具有主观性，难以量化。因此，开放式运动技能等级标准的研制仍然面临许多困难。

《国家中长期教育改革和发展规划纲要（2010—2020年）》明确提出"学校工作重点集中到强化教学环节、提高教育质量上来。制定教育质量国家标准，建立健全教育质量保障体系"。此后，体育专业本科、硕士、博士培养质量标准纷纷研制并出台。但是至今在我国大中小学体育教学中还没有严格、科学的质量标准，"没有

---

① 冯鑫：《我国运动员技术等级制度演进的研究》，博士学位论文，北京体育大学，2011年，第11页。

质量标准，学生可学可不学，学到什么程度都无所谓，项目可教可不教。田径、体操、武术，包括其他项目，只要学校课程计划里有的，都要制定出需要达到的基本要求"[1]。以至于有学者将"制定出适合于义务教育阶段体育课教学的各个项目的质量标准作为课程改革最重要的成果之一"[2]。还有学者为制定《运动技能学习质量标准》提出建议，"首先要考虑人类动作发展的规律和特点，其次是要把握同一个运动项目中不同动作技术变化的特点，最后制定出学生在不同年龄阶段掌握同一类运动技能的初级、中级和高级目标要求，即运动技能学习质量标准"[3]。《运动技能学习质量标准》与体育教材内容排列原理也是相融相通的，除了需要考虑运动技能本身难易度外，还要从学生视角出发，考虑人类动作发展理论、学生身心发展与认知规律，只有两者结合才能知道学生各个年龄阶段最适合他们发展的那些运动技能，同时又知道这些运动技能在学生身上是遵循着怎样的规律发展，制定出《运动技能学习质量标准》对体育教学才具有指导与监督意义，也才能为体育教材内容排列提供依据。

　　清晰的《学生运动技能等级标准》和《运动技能学习质量标准》让学生、家长、教师了解各学段学习内容及达到的标准、为进入高一阶段学习提供参照，同时也是提升学生学习运动技能兴趣的有效途径。两个《标准》研制工作已经得到官方和学界的重视，并积极采取措施落实。全国政协委员、北京体育大学校长杨桦教授在接受采访时提出"制定《校园体育安全条例》《学生运动技能等级标准》等，更好地指导和保障学校体育工作依法、有效开展"。王

---

[1]《体育教学》编辑部：《专家学者畅谈新课改（之六）：体育课程改革的成果及形式》，《体育教学》2012年第7期。

[2] 同上。

[3] 樊江波：《制定运动技能学习质量标准需要考虑的几个问题》，《体育学刊》2014年第5期。

登峰司长接受采访是说:"教育部从去年开始启动对学生运动技能等级评定办法的研制工作。……这个技能完全由学生根据兴趣自选,可以是足篮排、乒羽网,甚至是当地传统特色体育项目。……我们会对每一个运动项目做一个等级评定标准,激发每一个学生提升自己运动技能的积极性。"[①] 可以想象,两个《标准》的研制与出台其意义不仅在于对体育教材内容科学、合理排列提供依据,而且体育教学评价与监督也有了标准,最终也会提高体育教学质量。

四 教学单元研究

单元[②]是相对独立自成系统的单位。学界对教学单元虽有不同定义,但基本上认同"教学单元[③]本意是指一个有机教学过程和相配套教学内容的'集合'或'板块'"。从上述定义中可以看出,教学单元有以下三方面含义:第一,教学单元是一个独立的、完整的单位。它能够独立地实现其特有功能,它不可以再分,如果再分就改变或破坏教学单元的性质与功能。第二,教学单元是课的上位概念,它是由若干内在联系的课组成。组成教学单元的课与课之间是内在联系的,通过教学单元目标这条主线,将单一内容的点连接起来,克服课与课之间割裂,避免零散知识的学习,有助于集中时间系统、完整学习特定知识与技能。第三,教学单元中的课按照一定顺序排列而成。有学者认为"各教材内容的搭配规律应成为进行单元教学的本质。"可以将教学单元与拼图作类比:拼图是由一个个板块组成,教学单元是由一节节课构成;单个的板块难以呈现完整图形,单节课无法实现整个教学单元的功能;板块按照特定的规

---

① 卢苇:《教育部释放积极信号 学校体育工作有望出现拐点》,《中国体育报》2014 年 3 月 20 日第 1 版。

② http://baike.so.com/doc/1005352-1062855.html。

③ 王水泉、贾齐:《试论构成体育教学单元的几个维度》,《体育与科学》2003 年第 5 期。

律排列在一起构成一个完整的拼图，教学单元中的一节节课也必须按照一定规律排列才能实现整个教学单元的目标。

教学单位中教学单元最大特征是完整性，从形式上看它是一个完整的教学过程，从内容上看它是由相对完整的教材内容构成。课的信息容量是有限的，只是一个片段、节点，一节节性质相同或内在联系的课组成一个教学单元。而学期、学年包含内容较多不紧凑，也并非一个完整、系统的单位。有学者[1]认为"单元教学将是体育课程改革的一个重要突破口"。教学单元对体育教材内容排列有重要作用：首先，教学单元中课与课之间应该是有序连接、紧密联系的，这种联系或是依据先决条件或是依据迁移原理或是依据难易度。只有将课遵循科学原理排列才能共同实现单元的教学目标这一完整拼图。其次，学期中相邻单元之间注意教材内容的迁移，先学单元要为后学单元提供先前经验，后学单元要有利于巩固先学单元。最后，教学单元在不同学期、学年的纵向排列要注意衔接、连续性，更要注意阶段性、不断呈现上升趋势。可以说，教学单元就是整个教学的轴，上承水平、学年、学期目标，下启课与课之间连接。没有教学单元这个基本、完整的单位，体育教材内容排列就失去了有效抓手。

教学单元的容量即课时的多少直接影响着教材内容的广度、深度以及单元教学目标的达成度。《标准》对教学单元大小给出了一般性建议："体育与健康课程的教学，可采用教学单元的形式进行。特别在1—6年级的低、中年级，主要是打好体育的基础，可采用复式单元进行教学，即一个单元可采用两项或两项以上的教学内容。7年级以上可采用单一教学单元进行教学，即一个单元一个教学内容，每个单元的教学时数不宜太少。高中阶段的单元时数可更

---

[1] 顾渊彦：《体育课程设计与教学单元构建——对教学单元界定的商榷》，《体育教学》2006年第5期。

长一些，如专项选择课可以半学期或一个学期为一个教学单元，这样有利于集中时间，使学生较全面地掌握运动技能。"单元的大小和教材内容类型、学生年龄紧密相关，介绍类教材内容多出现在小学阶段，其目的让学生扩大学生知识面，提高学生学习兴趣，多是采用主题式小单元。粗学类教材内容多出现在初中阶段，其目的是让学生掌握一些运动项目基本知识与技能，多采用教材式大单元。精学类教材内容多出现在高中阶段，其目的是让学生对一至两项运动技能学深、学透，一般采用超大单元。

第八节 小结

通过研究可知，试图采取一种排列理论涵盖所有排列情境的想法是不切实际的。本章提出了技能类教材内容学段之间排列、封闭式运动技能排列、开放式运动技能排列、技能类教材内容横向排列和体能类教材内容排列等五种排列思路及模型，并归纳、提炼出"两向、三维"的体育教材内容排列原理。事实上，有了科学排列的意识、掌握了排列原理与技术，就可以实现学段之间、学期之间、单元之间甚至课时之间的有序衔接。当体育教材内容在不同阶段实现有序衔接后，就不会再出现"学生多上一节课少上一节课无所谓，甚至缺席一个学期体育课学习也不受影响"的现象，因为每个时间节点之间的教材内容是紧密相连，环环相扣，任何一个时间节点教材内容的缺失都将对后续学习或多或少造成一定负面影响。整个体育教材内容就成为一个完整体系，而不是由散乱的内容随机组合起来的。这样，学生不仅掌握体育锻炼的方法，提高了体育科学素养，熟悉若干常见运动项目的基本规则、基本技术，还熟练掌握一至两项终身受益的运动项目。

五种排列模型与原理的提出并不意味着研究的结束，为了更好地实施与进一步研究体育教材内容排列，提出构建研究共同体、研制《运动技能等级标准》和《学生学习质量标准》、制定地方规定性内容、加强教学单元研究四方面建议。

第七章

研究结论与研究创新点

第一节 研究结论

一、课程内容、教材内容、教学内容三者密切联系又有区别。教材内容是实现课程内容的载体，教材内容进入课堂经过教学化生成教学内容，教学内容是实现课程内容重要组成部分。同时，三者分别是课程、教材、教学不同层面的概念，各自有特定含义和使用范畴。课程内容研制主体是相关专家，具有统一性和法定性；教材内容开发主体是相关专家和一线教师，与课程内容相比统一性下降而灵活性增强；教学内容生成的主体是一线教师和学生，具有很大的灵活性。

二、新课改前大纲统一排列教材内容，出现了教材内容过多，内容偏旧，难度过高等问题。新课改后标准将教材内容选编权利交给了一线体育教师，出现了学段脱节、教材内容不成体系等问题。无论是新课改前刚性管理还是新课改后弹性管理，体育教材内容排列都出现问题，其主要原因不在于管理方式和教材内容排列主体，而在于排列的技术与原理。

三、由于"知识可以从不同角度分类"和"不同类型知识交织在一起"，直线式与螺旋式排列存在着自身无法克服的致命缺陷。体育学界提出分层排列理论是对一般课程与教学论创新与贡献，但由于该理论主要依据排列方式，较少体现出学科逻辑与学生逻辑，难以应用于体育教材内容排列的所有情境。

四、体育教材内容排列研究的理论基础主要包括累积学习理论、精加工理论和迁移理论等学习理论、人类动作发展理论、课程难度理论、敏感期理论。这些理论的主要理念是相融相通的，但理论基础并非同时指导所有类型排列，而是有所侧重。

五、体育教材内容数量庞大、来自不同母体，对所有教材内容采取统一排列理论是不现实的，分类排列有助于提高排列理论的可操作性。本研究根据分类原则、结合研究需要，将体育教材内容分为体能类与技能类两大类，体能类又细分为力量类、速度类、耐力类、柔韧类、灵敏类、协调类等，技能类又细分为开放式和封闭式两种运动技能。

六、在直线式与螺旋式排列理论、分层排列理论基础上，结合理论基础和教材内容分类结果，本研究提出了技能类教材内容不同学段衔接排列、封闭式运动技能排列、开放式运动技能排列、技能类教材内容横向排列、体能类教材内容排列等五种排列思路及模型。

七、仅从技术层面不能彻底解决排列中的根本问题。从长远看，实践发展更需要具有一定普遍意义的体育教材内容排列原理。通过文献阅读、专家访谈和总结上述研究过程，归纳、提炼出"两向、三维"的体育教材内容排列原理：在学习理论、课程难度理论、人类动作发展理论和敏感期理论指导下，综合"排列方式、教材内容、学生"三个维度，使体育教材内容在纵、横两个方向科学合理地呈现在学段、学年、单元、课时中。

八、为了进一步推动体育教材内容排列研究质量，提出构建研究共同体、研制《运动技能等级标准》和《学生学习质量标准》、制定地方规定性内容、加强教学单元研究四方面建议。

第二节 研究创新点

本研究的创新点主要包括对当前体育教材内容排列理论的细化与深化两个方面。"细化"体现在打破当前依靠单一理论指导整体排列的困境，针对体育教材内容类型多、学生年龄跨度大、排列复杂的现状，构建了五种不同类型、不同情境下的排列模型。"深化"是指在目前以排列方式为主要依据的排列理论基础上，提出"两向、三维"的体育教材内容排列原理。该原理具有综合性与学科性特征，是对传统直线式与螺旋式排列理论、分层排列理论的进一步完善，丰富了体育教材内容排列理论。

附　　录

附录 1

"教材内容相关概念" 主题专家访谈提纲

1. 课程内容、教材内容、教学内容概念是什么？在体育学科中具体又指什么？

2. 课程内容、教材内容、教学内容三者联系与区别是什么？

3. 为什么会出现认识上混淆，对理论与实践造成哪些影响？

"运动项目学习规律" 主题专家访谈提纲

1. 该项目中不同运动技能之间内在逻辑是什么？从学生身心发展逻辑看不同技能学习顺序又是什么？结合两种逻辑，该项目学习的顺序应该是什么？

2. 该项目的基本技能包括哪些？

3. 该项目和哪些项目容易产生正（负）迁移，为什么？

4. 您对中小学体育教学中教授该项目有哪些建议或看法？

"一线教学排列实践" 主题专家访谈提纲

1. 您认为当前体育教材内容排列中存在的问题是什么？这些问题是什么原因造成的？

2. 贵校体育教材内容整体上是怎么排列的？依据是什么？具体运动项目学习顺序是什么？依据是什么？

3. 您是如何看待直线式、螺旋式与分层排列理论的？

4. 从排列的角度您是如何看待学生十二年没有掌握一到两项运动技能和学生体质下降的问题？

附录2

体育教材内容排列研究专家问卷

尊敬的老师：

您好！我是华南师范大学体育人文社会学专业的博士生，目前正在做"体育教材内容排列"方面的研究。前期经过文献查阅、专家与一线教师访谈，依据有关学习理论（累积学习理论、精加工理论和迁移理论）、课程难度理论、人类动作发展理论、敏感期理论等，提出五种体育教材内容排列方式。该问卷主要目的在于征求您对该研究成果的意见和建议，以期进一步修改和完善。本问卷属于半开放式，请您将认为合适的选项字体加粗。如果您对问卷中的选项有不同看法和建议，敬请您在相应空白处填写出来，您的意见将充分地反映在研究报告中。

十分感谢您在百忙之中的帮助与支持，在此谨向您表示最诚挚的谢意！

博士生：贾洪洲

导师：陈琦

2014.11.15

一　专家信息

1. 姓名：　　　　　　　2. 单位：
3. 教龄：　　　　　　　4. 职称：

二　技能类教材内容学段间排列

为了更好地解决体育教学中学段之间脱节问题，依据加涅累积学习理论（强调知识结构的序列，先学知识是后学知识的先决条件、不掌握知识体系中的前一结构就不可能进入下一结构）和教材内容难易度、结合学生身心发展与认知规律，认为小学阶段应以单一动作、组合动作和活动性游戏学习为主，初中阶段粗学若干运动项目，高中阶段选项教学精学一到两个运动项目，见图1。

1. 您认为该思路是否合理：

(1)十分合理　(2)比较合理　(3)合理　(4)不太合理　(5)不合理

2. 您认为该思路能否解决学段之间脱节问题：

(1)有效解决　(2)可以解决　(3)有一定作用　(4)作用较小

(5)没有任何作用

3. 您对从教材内容排列角度来解决学段之间脱节问题有何建议：

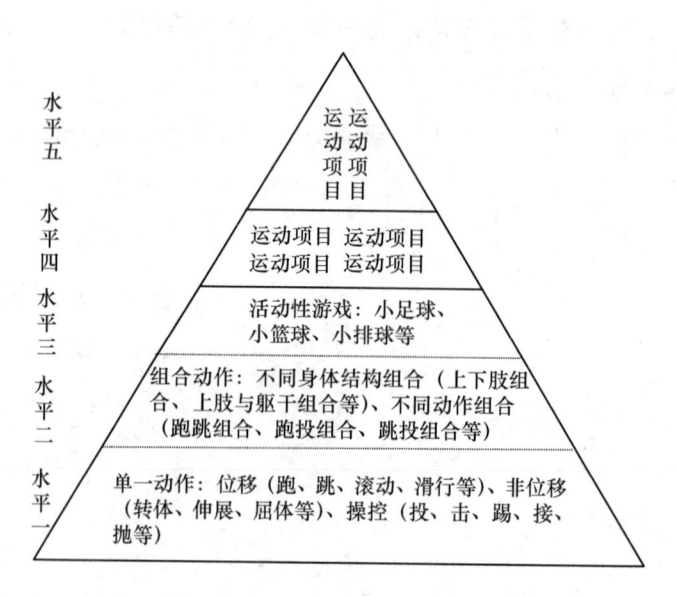

```
水平五          运动项目
水平四    运动项目 运动项目
         运动项目 运动项目
水平三    活动性游戏：小足球、
         小篮球、小排球等
水平二    组合动作：不同身体结构组合（上下肢组
         合、上肢与躯干组合等）、不同动作组合
         （跑跳组合、跑投组合、跳投组合等）
水平一    单一动作：位移（跑、跳、滚动、滑行等）、非位移
         （转体、伸展、屈体等）、操控（投、击、踢、接、
         抛等）
```

图1　技能类教材内容不同学段衔接排列模型

三　封闭式运动技能排列

由于武术、体操、健美操、柔力球等封闭式运动技能有等级标

准，宏观上对封闭式运动技能可以按照等级标准排列，使学生拾级而上不断进步。等级内一套完整动作中应先学习个别较难动作，再按照动作顺序依次学习，有利于整套动作学习的流畅性。封闭式运动技能十分强调基本功与基本技能对后续作用，因此应该先学习基本功与基本技能，见图2。

1. 您认为该思路是否合理：
(1)十分合理　(2)比较合理　(3)合理　(4)不太合理　(5)不合理
2. 您对封闭式运动项目学习有何建议：

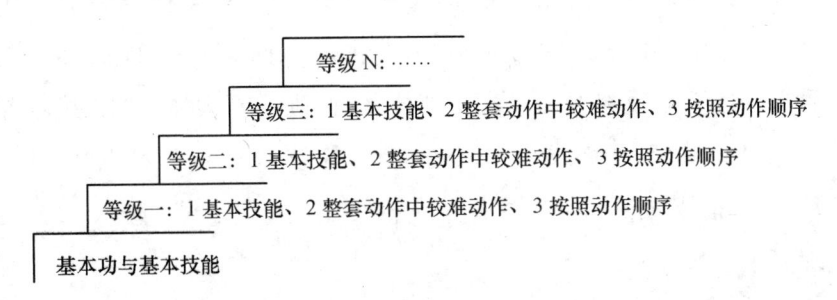

```
等级 N：……
等级三：1 基本技能、2 整套动作中较难动作、3 按照动作顺序
等级二：1 基本技能、2 整套动作中较难动作、3 按照动作顺序
等级一：1 基本技能、2 整套动作中较难动作、3 按照动作顺序
基本功与基本技能
```

图2　封闭式运动技能排列

四　开放式运动技能排列

开放式运动技能（篮、排、足等球类项目）操作背景是动态的，操作者不能事先决定下一个动作，学习原理较封闭式更为复杂，不仅要掌握运动项目中单个技术动作，还要掌握执行程序（依据赛场实际灵活选择和使用运动技术的能力）。因此，不同于封闭式运动技能学习从单个技术动作入手再到整体的模式，应采取"整体—局部—整体"的排列思路。

1. 您认为该思路是否合理：
(1)十分合理　(2)比较合理　(3)合理　(4)不太合理　(5)不合理
2. 您对开放式运动项目学习有何建议：

五 技能类教材内容横向排列

1. 技能类教材内容横向排列主要是指技能类教材内容之间排列组合，目的是为了使先学技能有助于后学技能的学习，后学技能有助于巩固先学技能。根据迁移理论，能发生正迁移的项目（技能）应相邻排列，发生负迁移的项目（技能）应间隔排列。您认为该思路是否合理：

   (1)十分合理　(2)比较合理　(3)合理　(4)不太合理　(5)不合理

2. 运动项目（技能）能否发生正负迁移关键看是否有共同因素，对于项目而言共同因素指"规则导向、技术特征和体能素质"，对于运动技能而言指"技术基础（运动技术的基本结构，按特定顺序、路线、节奏组成的各技术环节的总称）和技术环节（指组成运动技术基本结构的各个部分）"您认为是否合理：

   (1)十分合理　(2)比较合理　(3)合理　(4)不太合理　(5)不合理

3. 您对技能类教材内容横向排列有何建议：

六 体能类教材内容排列

为了增强体质、增进健康，应在体育教学中科学、合理安排体能类教材内容。体能类教材内容宜按照体能素质敏感期理论排列，体能素质敏感期又是由体能素质主导器官敏感期决定，按照此思路排列体能类教材内容，见图3。

体能类教材内容排列 ←┄┄→ 体能素质发展敏感期 ←┄┄→ 体能素质主导器官发育敏感期

图3　体能类教材内容排列思路

1. 您认为该思路是否合理：
   (1)十分合理　(2)比较合理　(3)合理　(4)不太合理　(5)不合理
2. 您对体能类教材内容排列有何建议：

参考文献

一 书目类

Ralph W. Tyler：《课程与教学的基本原理》，罗康、张阅译，中国轻工业出版社 2008 年版。

艾伦·C. 奥恩斯坦、费朗西斯·P. 汉金斯：《课程：基础、原理和问题》，柯森译，江苏教育出版社 2002 年版。

约翰·杜威：《学校与社会·明日之学校》，赵祥麟、任钟印译，人民教育出版社 2008 年版。

Jerome S. Bruner：《教学论》，姚梅林、郭安译，中国轻工业出版社 2008 年版。

阿妮塔·伍德沃克：《教育心理学》，陈红兵、张春莉译，江苏教育出版社 2005 年版。

佐藤正夫：《教学原理》，钟启泉译，教育科学出版社 2001 年版。

约翰·D. 麦克尼尔：《课程导论》，谢登斌、陈振中译，中国轻工业出版社 2007 年版。

戴尔·H. 申克：《学习理论：教育的视角》，韦小满译，江苏教育出版社 2003 年版。

加涅、韦杰、戈勒斯：《教学设计原理》，王小明、庞维国、陈保华译，华东师范大学出版社 2007 年版。

A. J. 哈罗、E. J. 辛普森：《教育目标分类学·动作技能领域》，施良方、唐晓杰译，华东师范大学出版社1989年版。

加涅：《学习的条件和教学论》，皮连生、王映学、郑葳译，华东师范大学出版社1999年版。

杰罗姆·范梅里恩伯尔、保罗·基尔希纳：《综合学习设计》，盛群力、陈丽、王文智译，福建教育出版社2012年版。

Richard A. Magill：《运动技能学习与控制》，张忠秋译，中国轻工业出版社2006年版。

Greg Payne、耿培新、梁国立：《人类动作发展概论》，人民教育出版社2008年版。

徐名滴、高凌飚、冯增俊：《课程理论与课程设计》，广东教育出版社1991年版。

廖哲勋、田慧生：《课程新论》，教育科学出版社2003年版。

范印哲：《教材设计导论》，高等教育出版社2003年版。

王策三：《教学论稿》，人民教育出版社1985年版。

施良方：《课程理论：课程的基础、原理与问题》，教育科学出版社1996年版。

黄甫全：《阶梯型课程引论》，贵州人民出版社1996年版。

钟启泉：《现代学科教育学论析》，陕西人民教育出版社1993年版。

毛振明：《体育教学改革新视野》，北京体育大学出版社2003年版。

龚正伟：《体育教学论》，北京体育大学出版社2004年版。

杨文轩、季浏：《义务教育体育与健康课程标准（2011年版）解读》，高等教育出版社2012年版。

夏征农：《辞海》，上海辞书出版社2002年版。

曾天山：《教材论》，江西教育出版社1997年版。

毛振明：《体育课程与教材新论》，辽宁大学出版社2001年版。

顾渊彦：《基础教育体育课程改革》，人民体育出版社2004年版。

李庆臻：《科学技术方法大辞典》，科学出版社1999年版。

陈玉琨、田爱丽：《慕课与翻转课堂导论》，华东师范大学出版社2014年版。

周登嵩：《学校体育学》，人民体育出版社2004年版。

课程教材研究所：《20世纪中国中小学课程标准·教学大纲汇编（体育卷）》，人民教育出版社2001年版。

毛振明、王茹：《小学体育教学策略》，北京师范大学出版社2010年版。

课程教材研究所：《新中国中小学教材建设史1949—2000研究丛书（体育卷）》，人民教育出版社2010年版。

耿培新：《体育与健康七年级全一册》，人民教育出版社2012年版。

谭华：《体育本质论》，四川科学技术出版社2008年版。

毛振明：《体育课程改革新论——兼论何为好的体育课》，教育科学出版社2012年版。

毛振明：《体育教学论》，高等教育出版社2005年版。

《国家学生体质健康标准解读》编委会：《国家学生体质健康标准解读》，人民教育出版社2007年版。

蔺新茂、毛振明：《体育教学内容论》，北京体育大学出版社2014年版。

莫雷：《学习过程与机制研究——我国学习双机制理论与实验》，经济科学出版社2012年版。

毛振明：《体育教学论》，高等教育出版社2005年版。

中华人民共和国教育部制定：《义务教育体育与健康课程标准（2011版）》，北京师范大学出版社2012年版。

宋尽贤、廖文科：《中国学校体育30年（1979—2009）》，高等教育出版社2010年版。

张英波：《动作学习与控制》，北京体育大学出版社2011年版。

国家体育总局武术研究院：《长拳》，高等教育出版社2010年版。

陈瑞琴：《健美操理论与实践创新》，北京体育大学出版社 2011 年版。

廖玉光、殷恒婵：《球类领会教学法》，北京体育大学出版社 2006 年版。

季浏、胡增荦：《体育教育展望》，华东师范大学出版社 2003 年版。

季浏：《体育心理学教与学指导》，高等教育出版社 2006 年版。

《国家学生体质健康标准解读》编委会：《国家学生体质健康标准解读》，人民教育出版社 2007 年版。

杨锡让：《实用运动生理学》，北京体育大学出版社 2007 年版。

邓树勋、王健、乔德才：《运动生理学》，高等教育出版社 2005 年版。

谢敏豪、张一民、熊开宇：《运动员基础训练的人体科学原理》，北京体育大学出版社 2005 年版。

《国家学生体质健康标准解读》编委会：《国家学生体质健康标准解读》，人民教育出版社 2007 年版。

田野：《运动生理学高级教程》，高等教育出版社 2003 年版。

毛振明、杜晓红、于素梅：《新版课程标准解析与教学指导（体育与健康）》，北京师范大学出版社 2012 年版。

靳玉乐：《课程论》，人民教育出版社 2012 年版。

浙江省教育厅教研室：《浙江省义务教育体育（与健康）必学内容教师用书》，浙江教育出版社 2010 年版。

二　期刊论文类

毛振明：《体育教材排列理论与方法研究》，《天津体育学院学报》2003 年第 4 期。

毛振明：《论"国家中长期教育改革与发展工作方针"中的学校体育任务（下）》，《南京体育学院学报》2011 年第 2 期。

毛振明：《对当前我国体育课程与教材理论的几点质疑》，《体育教学》2000年第4期。

张丰：《教材研究的历史观察与对象系统》，《浙江师范大学学报》（社会科学版）2000年第4期。

王占春：《新中国中小学体育教材建设五十年（下）》，《中国学校体育》1999年第6期。

吴维铭、卢闻君：《体育大单元教学理论与实践的研究》，《北京体育大学学报》1997年第4期。

靳玉乐：《十年教材建设：成就、问题及建议》，《课程·教材·教法》2012年第1期。

陆作生、伍少利：《体育课程的编制》，《北京体育大学学报》2004年第4期。

杨文轩：《关于"体育与健康课程标准"修订的思考》，《体育学刊》2011年第5期。

曲宗湖、顾渊彦：《"学校体育学"课程建设回顾与展望》，《首都体育学院学报》2009年第1期。

俞红珍：《课程内容，教材内容，教学内容的术语之辨——以英语学科为例》，《课程·教材·教法》2005年第8期。

唐照华、卢文云、刘骏：《大、中、小学体育课程教材内容一体化的研究》，《成都体育学院学报》2005年第4期。

刘俊凯：《河南省义务教育阶段〈体育与健康课程实施方案〉的研制与分析》，《体育学刊》2014年第5期。

蒋玉红：《体育教学内容的重组及优化分析》，《中国学校体育》2011年第2期。

柴建设、邵丽君：《对技能迁移规律的对比研究》，《北京体育大学学报》2002年第3期。

赵翼虎：《体育实践教学内容体系研究》，《体育学刊》2007年第

8 期。

毛振明：《体育教学内容的分类方法》，《体育学刊》2002 年第 6 期。

乔秀梅、童建国、赵焕彬：《基于人类动作发展观的中小学生体能教育的思考》，《体育学刊》2010 年第 11 期。

王登峰：《切实提高学生体质健康水平 努力实现学生全面发展目标》，《中国学校体育》2014 年第 1 期。

柴娇：《开放式运动技能的教学内容设计研究》，《体育教学》2011 年第 5 期。

石岩、王冰：《开放式运动技能学习之道——王晋教授访谈录》，《体育学刊》2014 年第 3 期。

陈国成：《大中小学体育教学衔接问题的研究》，《北京体育大学学报》2004 年第 8 期。

李树怡：《我国大、中、小学体育课程目标衔接问题的研究》，《上海体育学院学报》2004 年第 8 期。

柴如鹤：《建构有效衔接的大中小学体育教材内容体系的必要性》，《体育学刊》2011 年第 6 期。

李林：《体育课程核心内容——身体练习分类新探》，《体育教学》2011 年第 11 期。

王金杰、王媛：《手球、篮球之间运动技能和战术体系迁移的研究》，《北京体育大学学报》2002 年第 2 期。

谭恺：《乒乓球与网球运动技能迁移初探》，《四川体育科学》2010 年第 1 期。

殷恒婵、傅雪林、刘淑芳：《体育教学中运用运动技能学习迁移的研究》，《沈阳体育学院学报》2003 年第 1 期。

柴建设、邵丽君：《对技能迁移规律的对比研究》，《北京体育大学学报》2002 年第 3 期。

周振平、李秀梅、杨辉：《无氧耐力训练方法》，《北京体育大学学报》2007年第11期。

苟波、李之俊、高炳宏：《"体能"概念辨析》，《体育科研》2008年第2期。

司云：《中国学校体育研究2006年度理事学术年会在江南大学召开》，《中国学校体育》2007年第2期。

陆作生：《日本九年义务教育〈学习指导要领〉中运动内容的设置及其启示》，《北京体育大学学报》2012年第2期。

余立峰：《区域内规定教学内容是落实三级课程管理制度的关键》，《中国学校体育》2012年第11期。

王建：《体育教学有效衔接补偿机制研究》，《武汉体育学院学报》2014年第4期。

庄弼：《建立有特色的地方体育与健康课程管理体系》，《中国学校体育》2012年第11期。

樊江波：《制定运动技能学习质量标准需要考虑的几个问题》，《体育学刊》2014年第5期。

王水泉、贾齐：《试论构成体育教学单元的几个维度》，《体育与科学》2003年第5期。

三　学位论文类

朱伟强：《基于标准的体育课程设计研究》，博士学位论文，华东师范大学，2007年。

邓凤莲：《体育与健康教科书结构研究》，硕士学位论文，湖南师范大学，2005年。

龚亮华：《网球与羽毛球技术动作相互迁移研究》，硕士学位论文，北京体育大学，2012年。

冯鑫：《我国运动员技术等级制度演进的研究》，博士学位论文，北京体育大学，2011年。

林向阳：《普通高校体育教材设计与编写的理论探索》，博士学位论文，福建师范大学，2006年。

张勤：《中国基础教育体育课程内容设计研究》，博士学位论文，福建师范大学，2004年。

乔秀梅：《中小学体能促进理论与实践方案研究》，博士学位论文，河北师范大学，2012年。

四 报纸网络类

袁贵仁：《扎实抓好学校体育工作 提升学生体质健康水平》，《中国教育报》2014年7月30日第1版。

慈鑫：《教育部提高学生体质不只靠长跑》，《中国青年报》2013年11月8日第4版。

葛小倩：《八大超级"跳槽"：刘翔原练跳高、科比曾是守门员》，《竞报》2008年6月22日第2版。

卢苇：《教育部释放积极信号 学校体育工作有望出现拐点》，《中国体育报》2014年3月20日第1版。